Städte- und Gemeindeatlas

Bodensee

W0178499

Medienagentur
GeoMap

INHALTSVERZEICHNIS

Verzeichnis der Städte und Gemeinden

INHALTSVERZEICHNIS

Verzeichnis der Städte und Gemeinden

GeoMap Medienagentur GmbH
Postfach 800830 · 70508 STUTTGART
Tel.: 0711/7813696 · Fax: 0711/7813697
E-Mail: geomap@t-online.de
© GeoMap Medienagentur GmbH · Printed in Germany

Legende/Légende/Legend

Autobahn / Autoroute / Highway

Bundesstraße / Avenue fédérale / Federal avenue

Landesstraße / Route de transit / Thoroughfare

Sonstige Straßen / Autre routes / Other routes

Eisenbahn / Chemin de fer / Railway

Sumpf / Marais / Bos

Allgemeine Signaturen/Général Signatures/General Signatures

Öffentliches Gebäude/Edifice public/Important buildings

Bebauung/Zone bâtie/Built-up area

Industriegebiet/Zone industrielle/Industrial area

P P Parkplatz, Parkhaus/Parc de stationnement, Parking house/Car park, Garage

i Information/Information/Information

Postamt/Bureau de poste/Post office

F Feuerwehr/Pompiers/Fire department

Krankenhaus/Hôpital/Hospital

Kirche/Église/Church

++ Friedhof/Cimetière/Graveyard

Schule/École/School

Campingplatz/Camping/Camping site

Museum/Musée/Museum

Sportplatz/Place du sport/Sportplace

Schloß, Burg/Château, Château fort/Palace, Castle

Aussichtspunkt/Panorama/View

Fußgängerzone/Zona réservée aux pietons/Pedestrian area

Einbahnstraße/Rue à sens unique /One way road

Schiffanlagestelle/Port, débardacere/Landing-place

Freibad, Hallenbad/Piscine,Piscine couverte/Swimming Pool, Indoor swimming pool

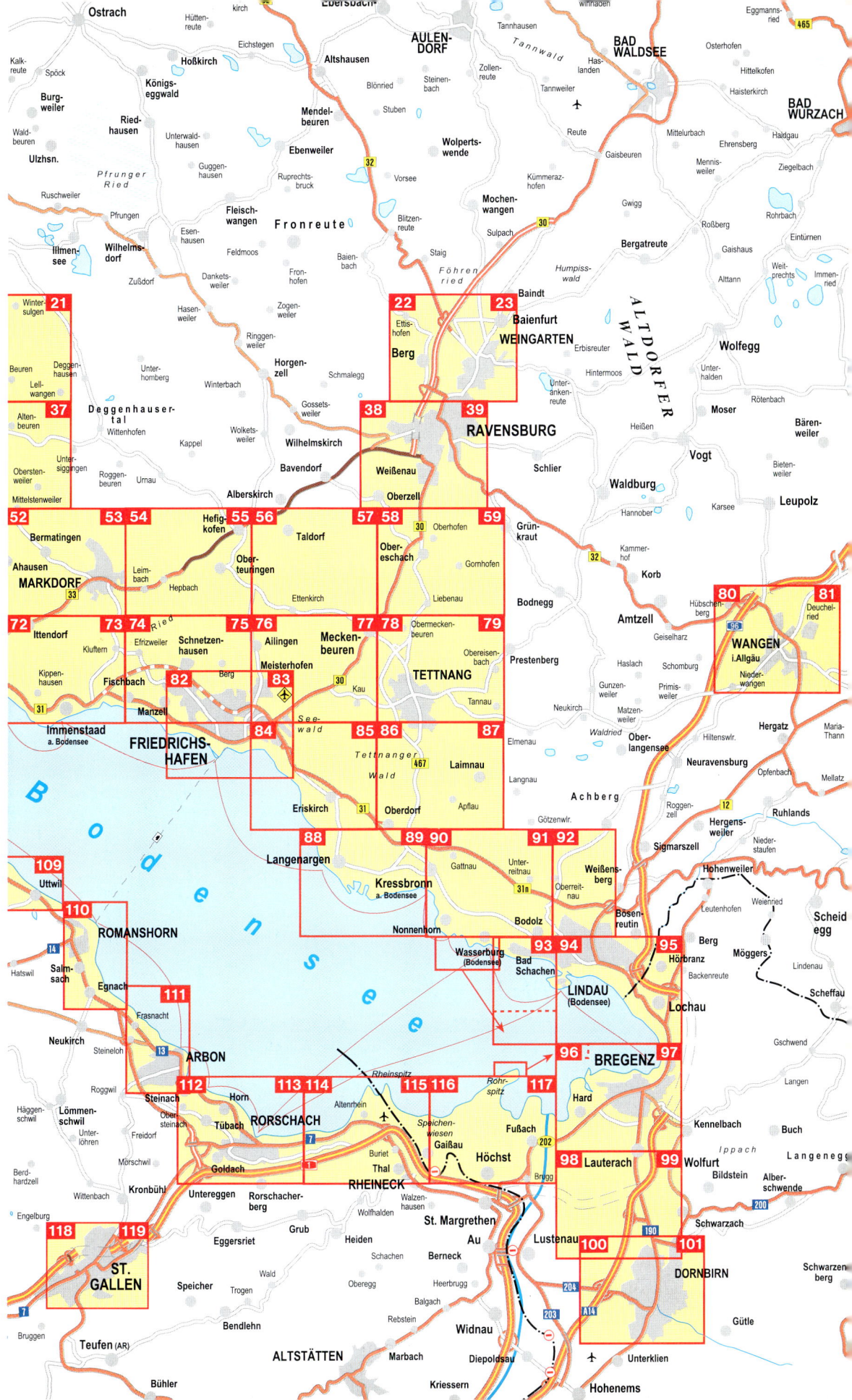

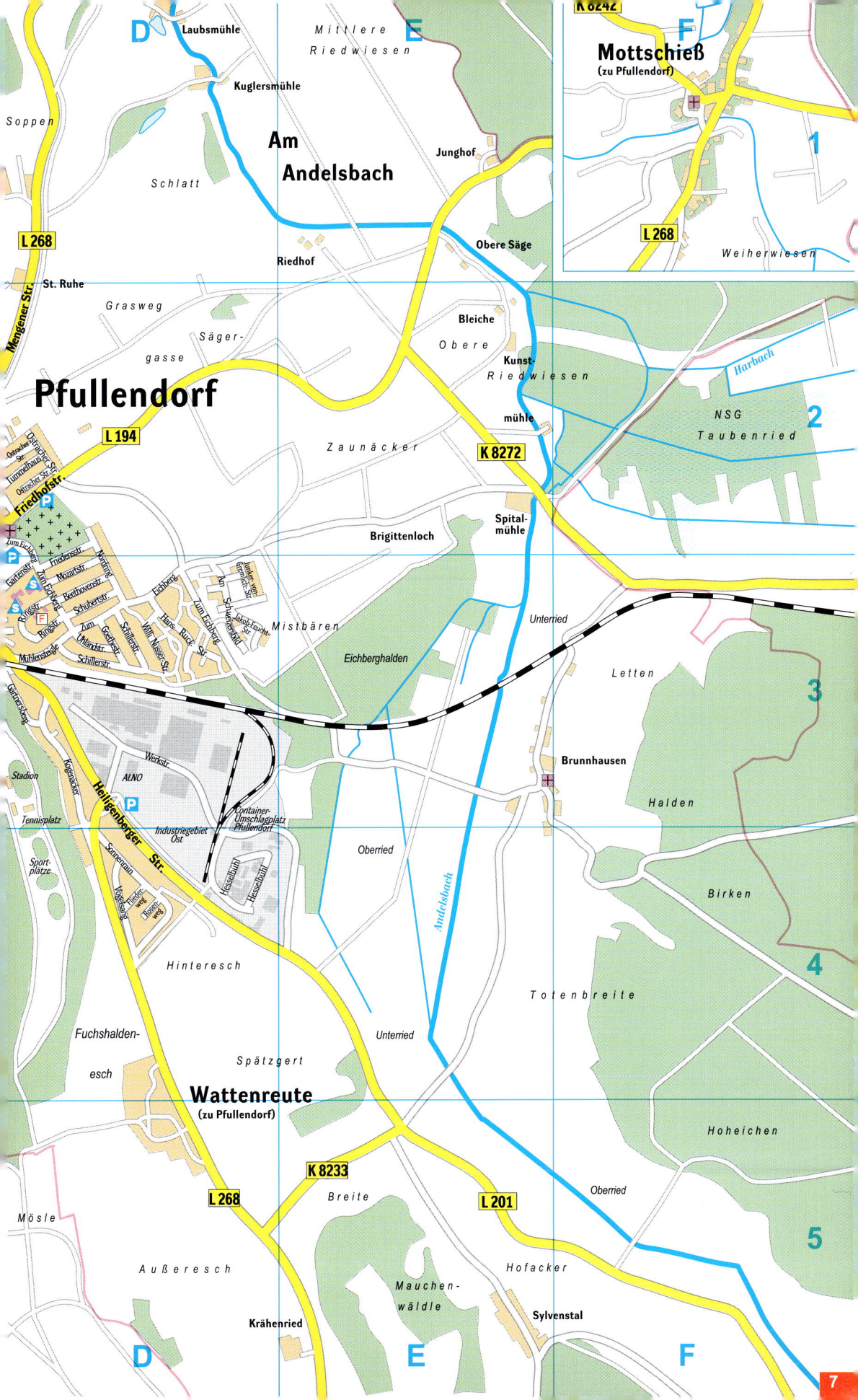

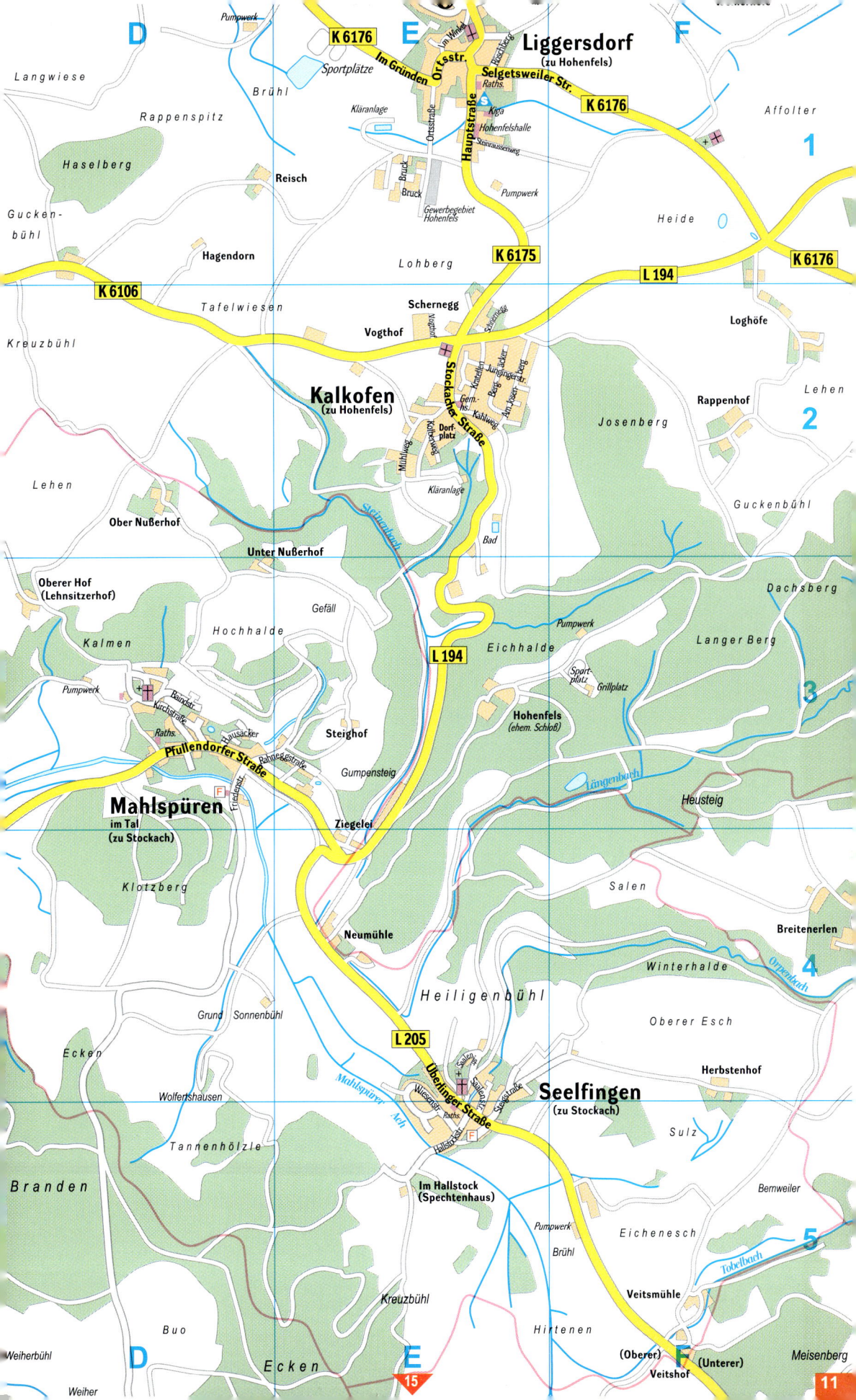

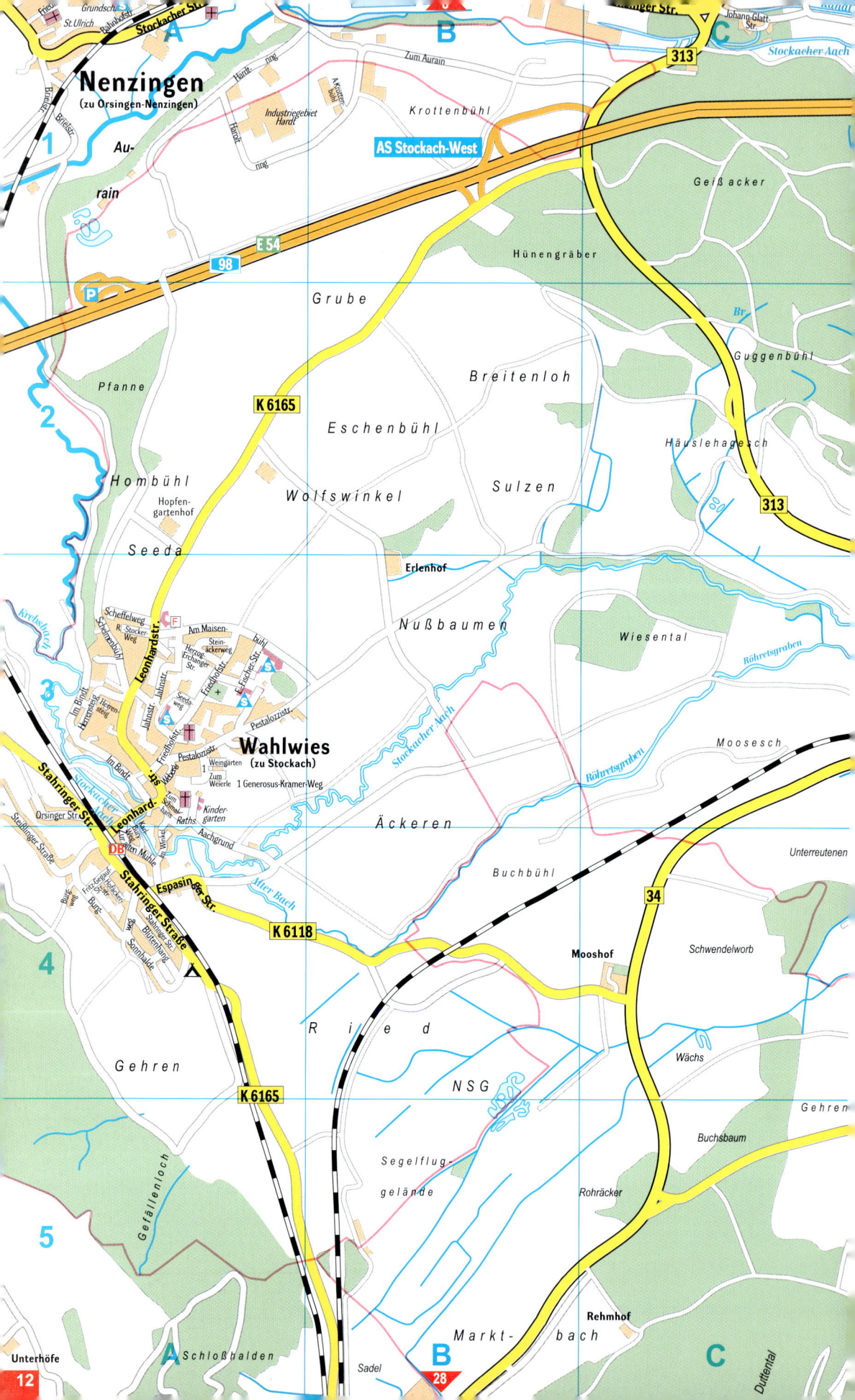

A
B
C

10

Riedle

Homberg

L a u s -

Hohenbuchen

Unterlaubegg

b u r g e r

1

Laubegg
Forsthaus

Oberlaubegg

Hintermoos

Blockenloh

31 n

Stockhau

Kuhs

Lanzental

B e r g l e

Weiherholz

Talmühle

Regentsweiler

2

Hallerstein

Schoren

K 7787

Sonnental

K 6174

Weilerwegäcker

Bofeler

Weierhof

Wartenen

Sportplatz

31

Guckenbühl

Negelhof

3

Oberhof

A u e n

Sommerhalde

Sommerhalde

Jahnweg

Täler

Turnhalle

Stättelberg

34

Radolfzeller Str.

Polizei

Grillplatz

Göllern

DB

Parkstr.

Seehalde

Seehalde

Konzertpavillon

Strandbad

Ziel

Hafen

Ludwigshafen

(zu Bodman-Ludwigshafen)

Bärtal

4

Kohlberg

31

Pfaffental

Beerental

NSG

5

Kläranl.

Bodman
A
B
C

14

30

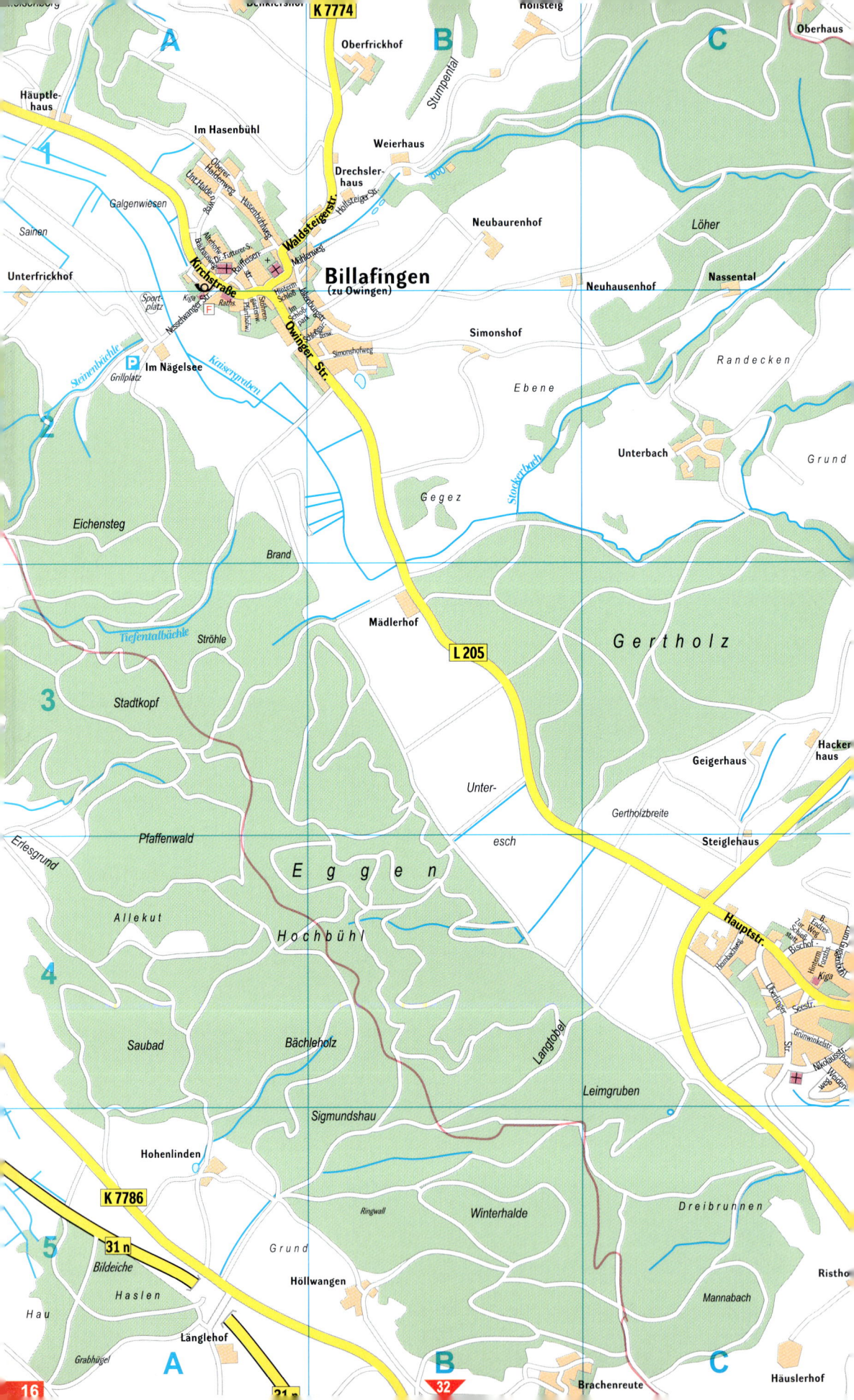

Billafingen
(zu Owingen)

K 7774

A
B
C

Denklershof
Oberfrickhof
Hohsteig
Oberhaus

Häuptle-
haus

Im Hasenbühl
Weierhaus
Stumpental

1

Drechsler-
haus

Galgenwiesen
Oberer Haldenweg
Unt. Halde

Neubaurenhof
Löher

Sainen

Hollsteiger Str.
Waldsteigenstr.
Mühlenweg

Nassental

Unterfrickhof
Kirchstraße

Neuhausenhof

Sport-
platz
Kiga
Raths.

Simonshof
Randecken

2

Im Nägelsee
Grillplatz
Owinger Str.
Kaisergraben
Simonshofweg

Ebene

Unterbach
Grund

Eichensteg

Gegez

Stoakerbach

Brand

Gertholz

Tiefentalbächle
Ströhle
Mädlerhof
L 205

3

Stadtkopf

Hacker
haus

Geigerhaus

Erlesgrund
Pfaffenwald
Unter-
Gertholzbreite
Steiglehaus

Eggen
esch

4

Allekut
Hochbühl

Hauptstr.
Kiga

Saubad
Bächleholz
Langtobel

Sigmundshau
Leimgruben

Hohenlinden

K 7786
31 n
Ringwall
Winterhalde
Dreibrunnen

5

Bildeiche
Grund

Ristho

Haslen
Höllwangen
Mannabach

Hau

Länglehof

Grabhügel
Brachenreute
Häuslerhof

A
B
C

16
32

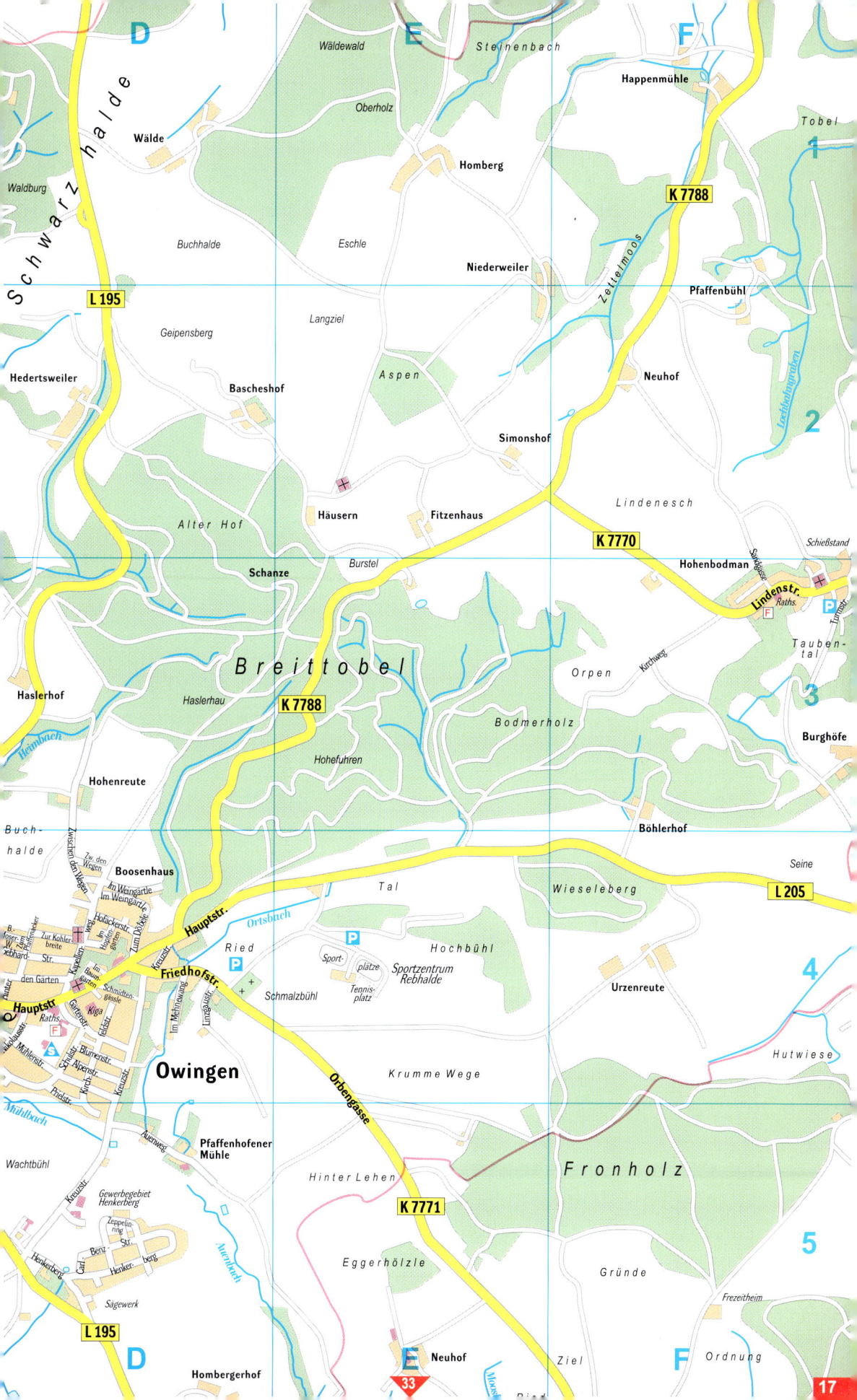

Map — Frickingen area

Grid references: D, E, F (columns) · 1–5 (rows)

Haldenesch

Rickertsweiler

Hölzle

Hohenreute

Gründe

Steigen

Ebenländ

Buchhalde

Buchholz

L 200

Golpenweiler

Burgholz

Schwedenschanze · Tobel

Altheiligenberg

Euten

Zur Oberen Mühle

Hohenstein

Golpenweiler Str.

Birken-weiler

Hauptstraße

Pirolw.
Amselnw.
Finkenweg
Fasanenw.
Zum Vogelsang
Lerchenw.

Burgwiesen

Am Sandbühl

Rathaus
Kiga
P
Schulstr.
Döbelestr.
Zum Hungerberg

Rickenwiesen

Frickinger Str.

Geiswinkel

Leimhölzle

1 Rosenweg

Wiesenw.
In der Breite
Abziehenw.
Baienstr.

Altheim
(zu Frickingen)

K 7768

Am K. Kapelle
In Betzen
Schwed. Quellw.
Schwedenf. Garten

Silberberg

Sportplatz

Altheimer Str.

Im Bildstock

Mühlenstraße
Gorkelweg
Schulenstr.

Silberberg

Ettenberg

Hutwiesen

Oberauäcker

Bergäcker

Himmelreich

Aubach

Breitenen

1 Zum Gravensteiner
2 Zum Berlepsch
3 Zum Boskoop
4 Zum Cox Orange

Kirchstr.
Alte Straße
Raths.

Frickingen

Aach

Bauhof
Gewerbestraße

Leustetter Str.

Am Eiselberg

Holden-

Brückfelder Straße

Sportzentrum

Heilgenberger Str.

Lindenstr.
I. d. Brü.
Zum Weingarten

steiegler

K 7785

**Bad
Leustetten**
(zu Frickingen)

Rathausweg
Bergstr.
Dorfstraße

Lippertsreuter Str.

Bahnhofstr.

Riedstraße
Zum Grund

Tiefe

Rohräcker

Waag-haus

K 7785

Im Böttle

Öschweg

Grund

Landstraße

Löhle

Kläranlage

Ried

Hint. Öhmdwiesen

L 201

K 7766

L 205

Totenbaum

Kl. Riedgraben

Heilgenberger Str.

Gr. Riedgraben

Frickinger Straße

Lippertsr.

Öhmdwiesen

Rickenbach
(zu Salem)

Schwendlisrain

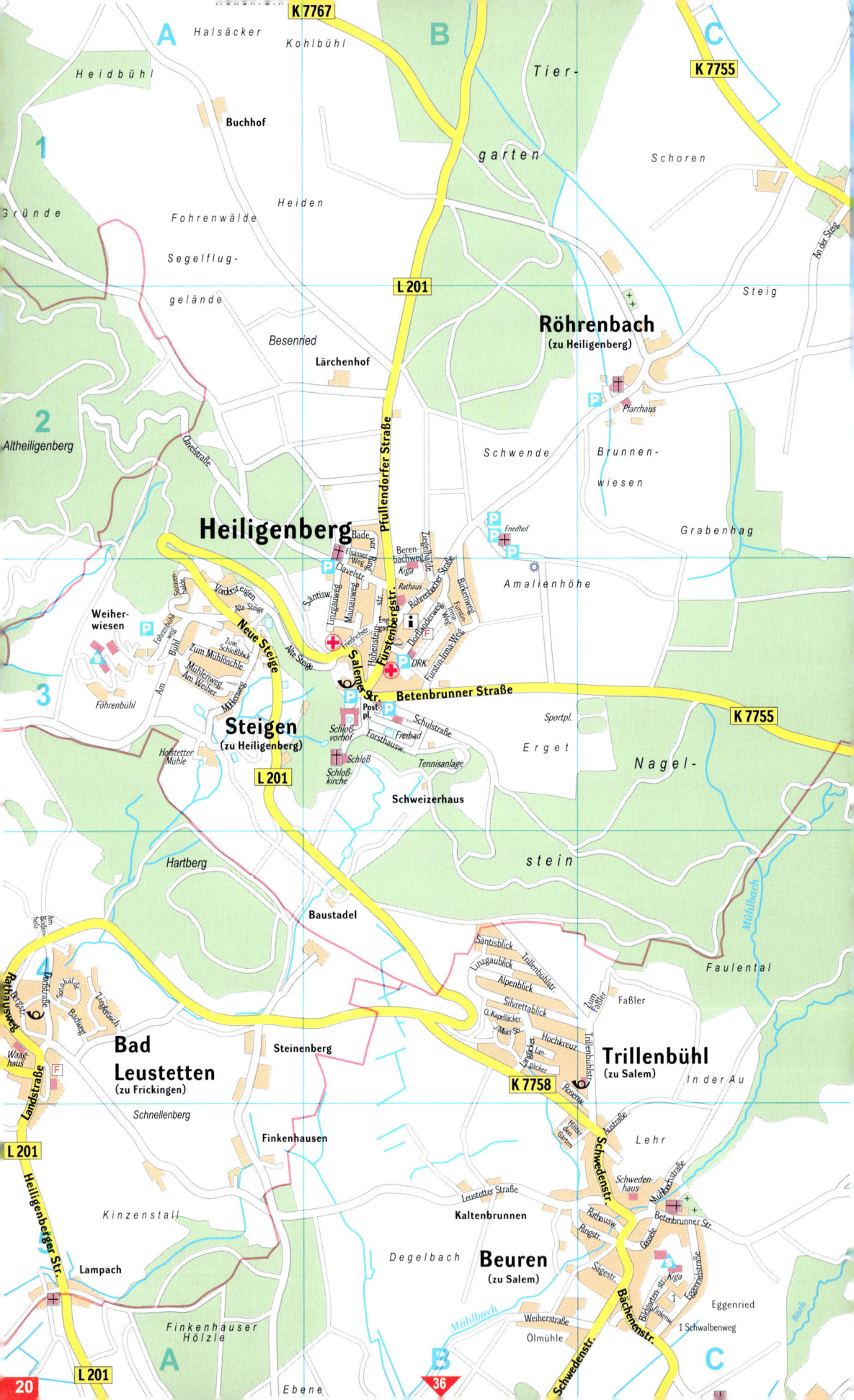

A
B
C

Halsäcker
Kohlbühl
K 7767
K 7755

Heidbühl
Tier-
Schoren

1
Buchhof
garten

Heiden

Gründe
Fohrenwälde

Segelflug-
L 201
Steig

gelände
Röhrenbach
(zu Heiligenberg)

Besenried

Lärchenhof
Pfarrhaus

2
Schwende
Brunnen-

Altheiligenberg
Clavelstr.
wiesen

Grabenhag

Friedhof

Heiligenberg
Amalienhöhe

Weiher-
wiesen
Beren-
bachweg

Kiga
Rathaus

Steigen
(zu Heiligenberg)
Betenbrunner Straße
Sportpl.
K 7755

Hofstetter
Mühle
Schloß-
vorhof
Freibad
Erget

L 201
Schloß-
kirche
Schloß
Tennisanlage
Nagel-

Schweizerhaus

Hartberg
stein

Baustadel
Faulental

Santisblick
Trillenbühlstr.
Mühlbach

Unzgaublick
Faßler

Alpenblick

4
Silvrettablick
O. Kapellacker
Hochkreuz
Trillenbühl
(zu Salem)
In der Au

Bad
Leustetten
(zu Frickingen)
Steinenberg

K 7758
Lehr

Schnellenberg
Schwedenhaus

Finkenhausen
Rathausw.
Ringstr.

Leustetter Straße
Betenbrunner Str.

Kinzenstall
Kaltenbrunnen

L 201
Degelbach
Beuren
(zu Salem)
Kiga

Lampach
Eggenried

Finkenhauser
Hölzle
Weiherstraße
1 Schwalbenweg

Ölmühle

L 201
Mühlbach
Schwedenstr.

A
Ebene
B
36
C

20

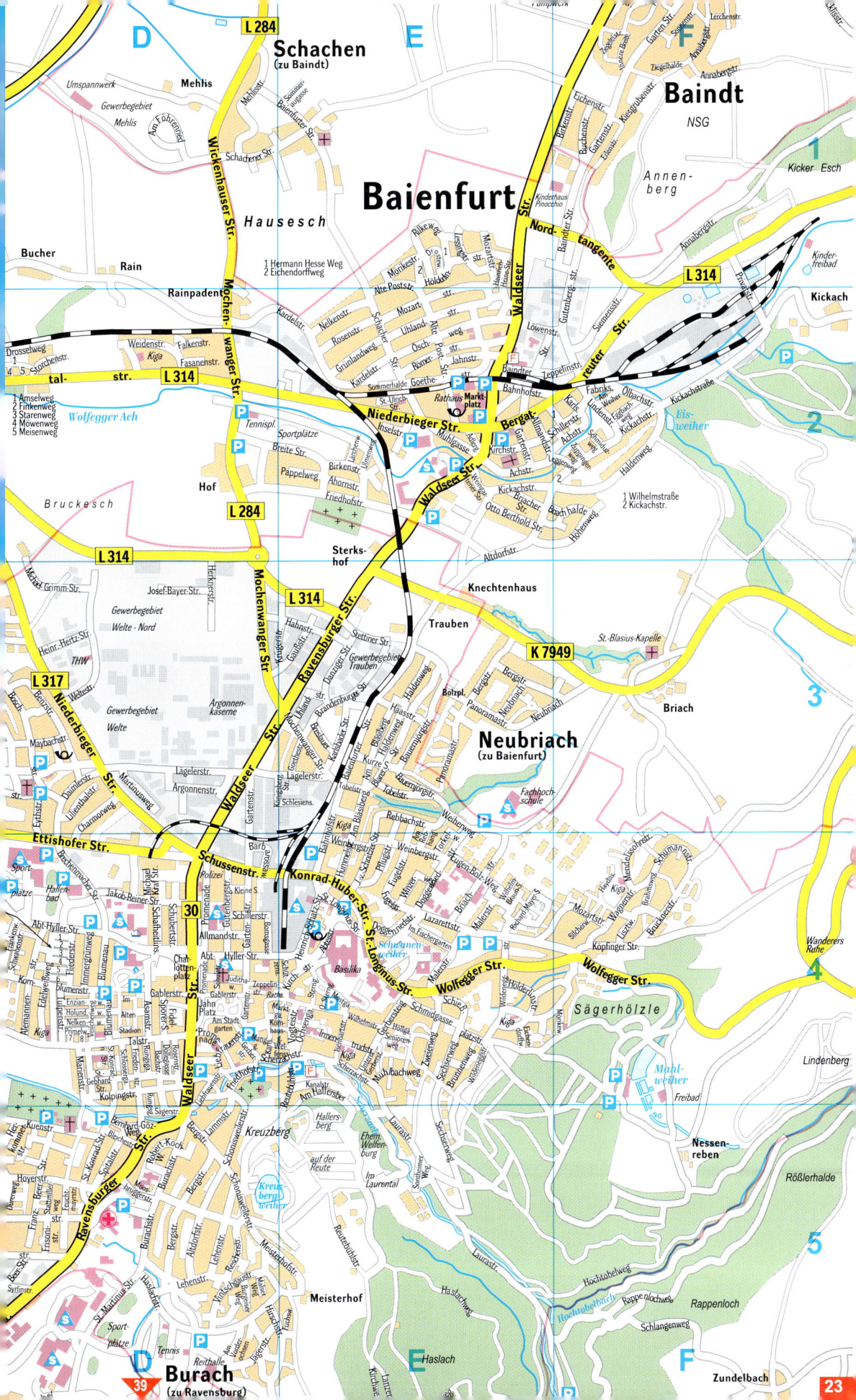

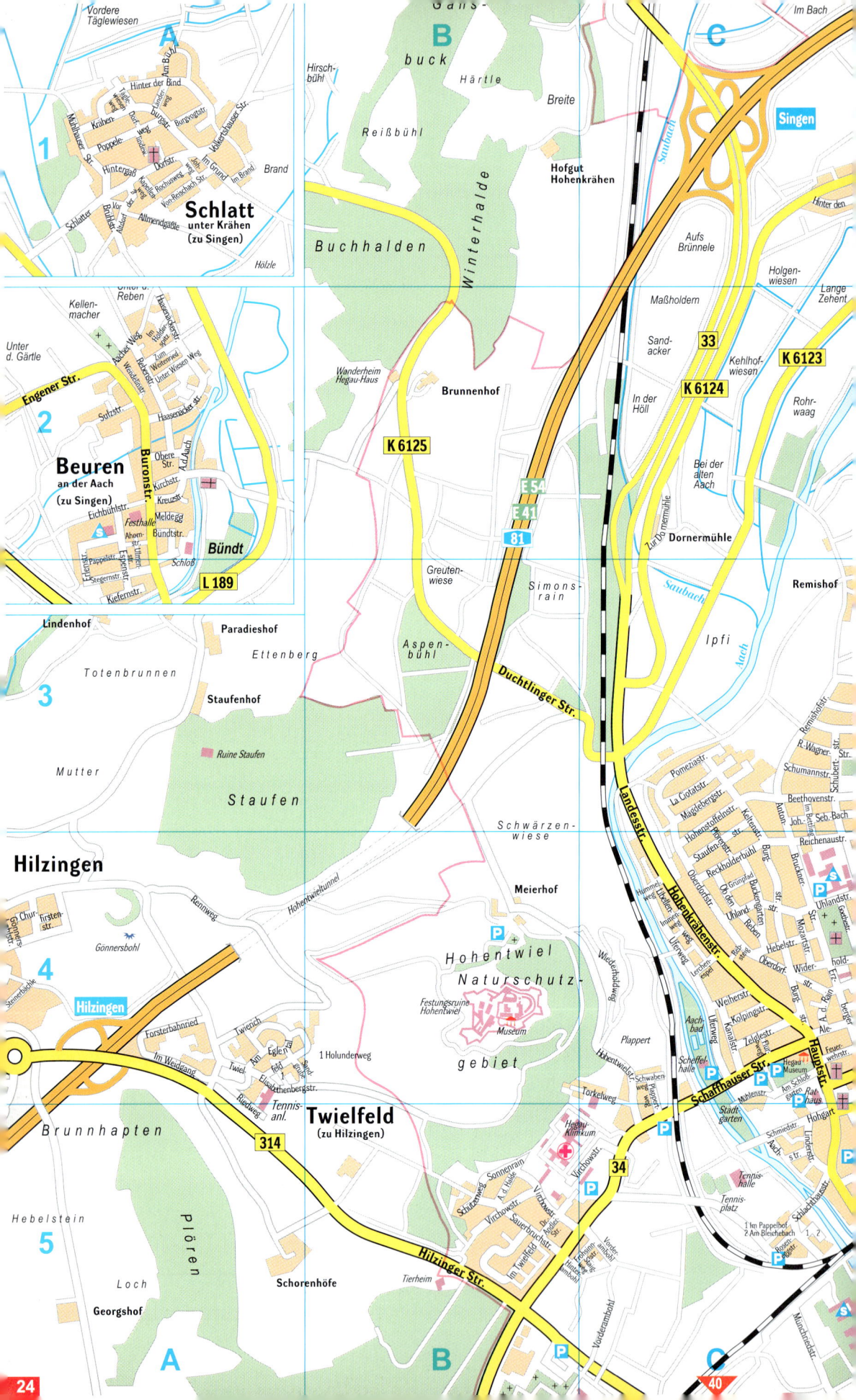

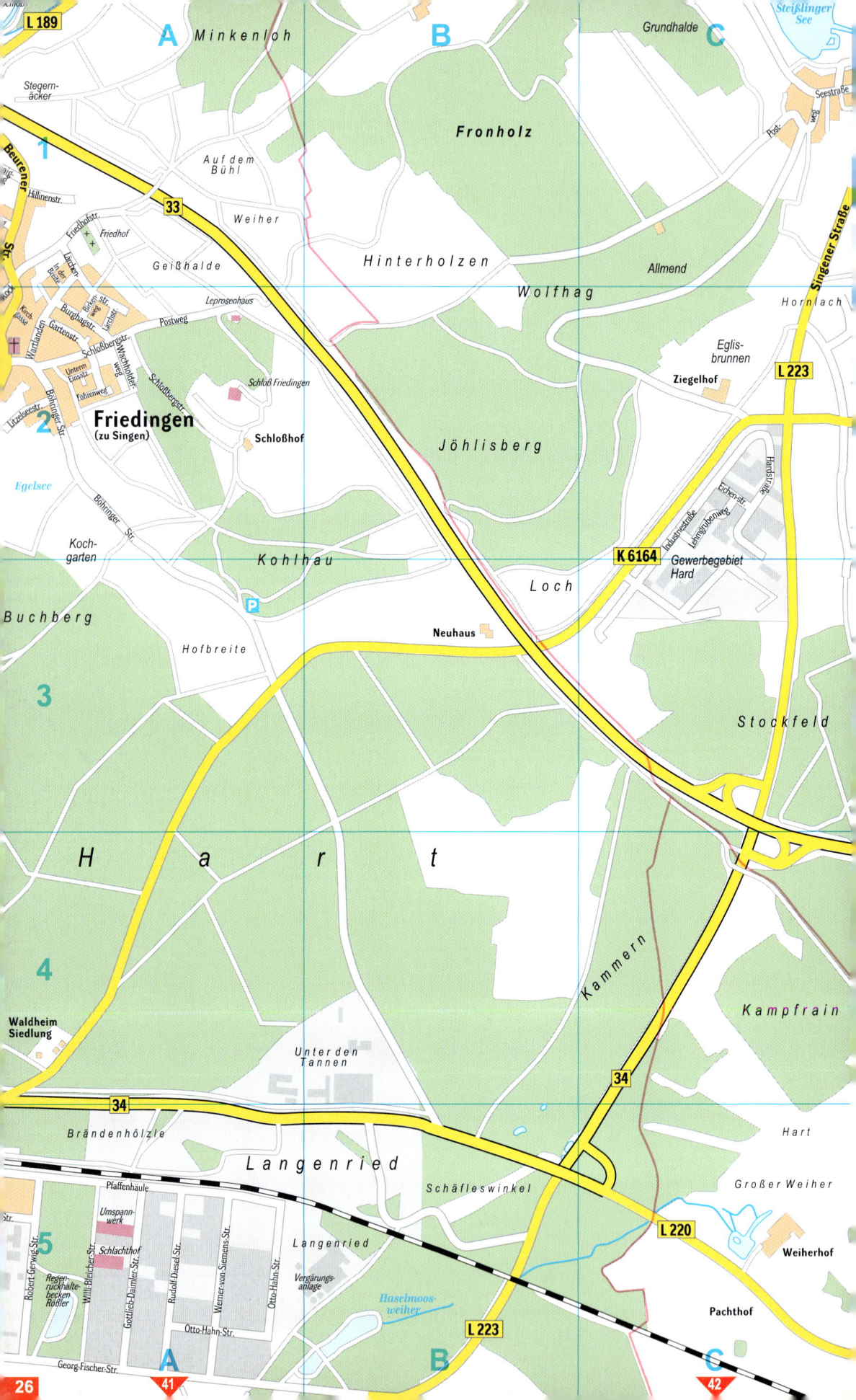

Benzenhof
Bendelhof

Unternöre

Ziegel-
halde

Homburg
Toräcker

Seeried
Sportpl.
Sportanlage
Mindlestal

Stäudler
Schützenhaus
Im

1 Ernst-Würtenberger-Straße

Weilerhof

Seebühl

Seeblickhalle
K 6121

Seebühl
Freibad

Steißlinger
See

Orsinger Straße
Friedhofstraße
Schulstr.
Ring-
straße
Heigau
Hinter Zinnen
Haas-
Hauk-Str.

Franz-Xaver-Oeckl-Str.
1 Ernst-Würtenberger-Straße
Kloster-
straße
Kohler-
verwaltung
Bollerstr.
Derststr.
Kindergtn.
Gartenstraße
Talstraße
Schubertstr.
Bruckner-
straße
Mozart-
str.
Haydnstr.
Beet-
str.
Sichlerstr.
Am Warenbach
Zum Reb-
berg
Reitergasse
Reitergasse
Am Kies
Im
Renngasse
Glöcker-
weg

Neuweilerhof

Rathaus
Goethestraße
Kirchstr.
Schloß-
str.
Lange Straße
Kindergarten
Hornburg-
str.
Konstanzstraße
Konradstraße
Bollstraße
Ziegelweg

Haldenacker

Kreuzhalde

Haldenstetten

Lange Straße
Polizei
Lange Straße

Singener Straße
Radolfzeller Straße
L 223

Seestraße
Im Brunnengarten
Kläranlage
Unter
Abbrach

Steinrennen-
straße
Steißlingen
Geißbühl
Breite
Hundstal

L 226

2

Brühl
Gärtnerei

Lützelhart

Bogenösch
K 6164

Weidfeld

L 226

Haslen

3

Mindleis-
kilch

Grubenwald

33

Oberholz

4

Lützelsee

Zeller
Ried

Rebösch
Torf-

Reutehöfe

Seehölzle

Mühlbach

Böhringer
See
Bad

Seelegraben
Campingpl.
Pfarrmoos

K 6163

wiesen

Lusti-
äcker

Kuhhalden

Espel

Franken-
wiesen

Hübsch-
äcker

Widerholdstr.

Bei der
Sandgrube

5

Böhringen
(zu Radolfzell)
K 6163
Kiga
Nikolaus-
str.
Treibart-
str.
Blumen-
weg
Bei der
Kirche
Friedstr.
Blumen-
weg
Friedstr.
Kohler-
str.
Fritz-von-Engelberg-Str.
Turn-
halle
Erichstr.
Steißlinger Str.

Am Kreuzbühl

Zweienäcker

Gewerbegebiet
Nord

Tennis-
platz
Turn-
halle
Gde-
haus
Kiga
Bodenseestr.
Rathaus
Oschlestr.
1 Im Oberer Einsatz

Walter-
Schellenberg-
str.

Nickelshausen

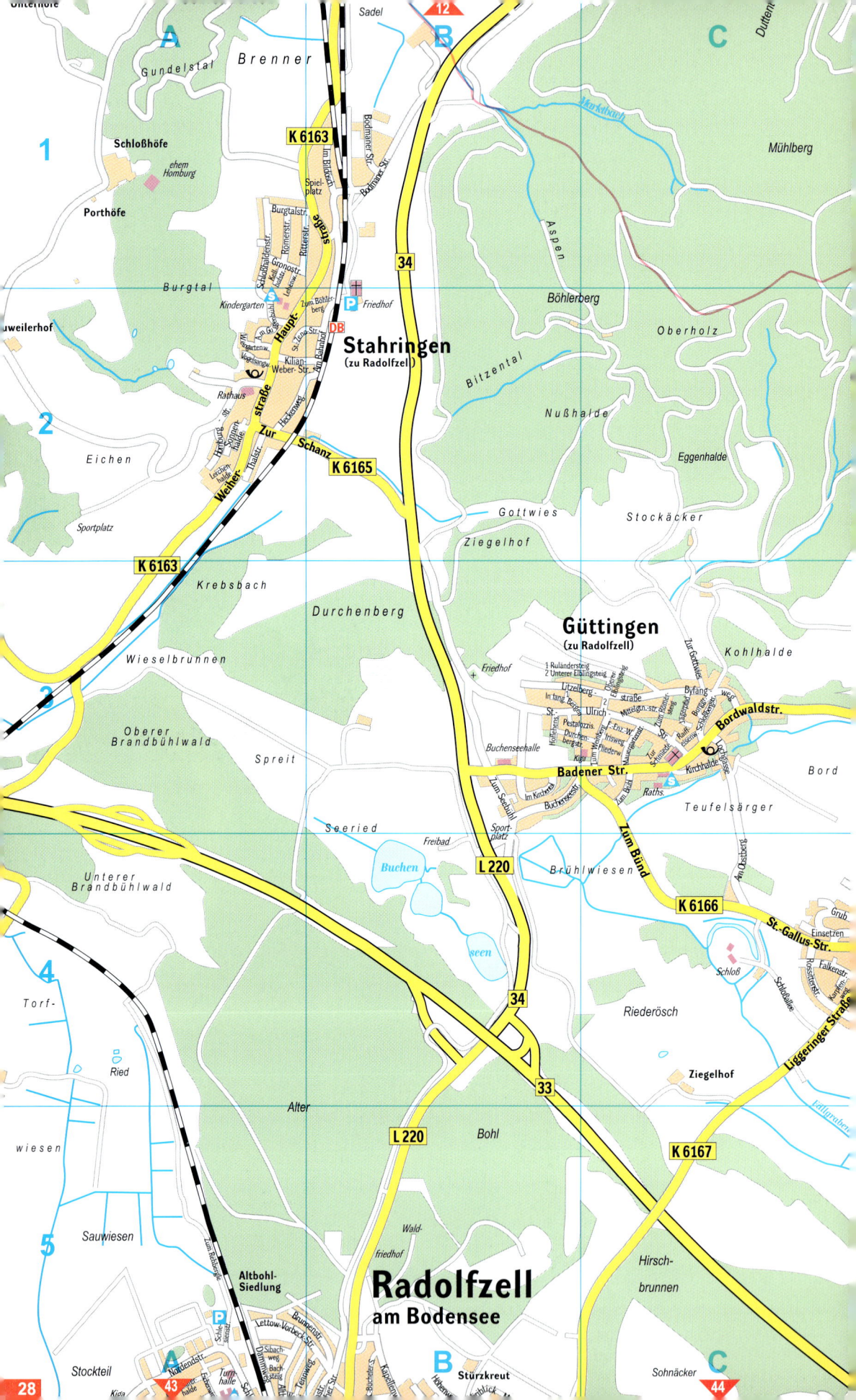

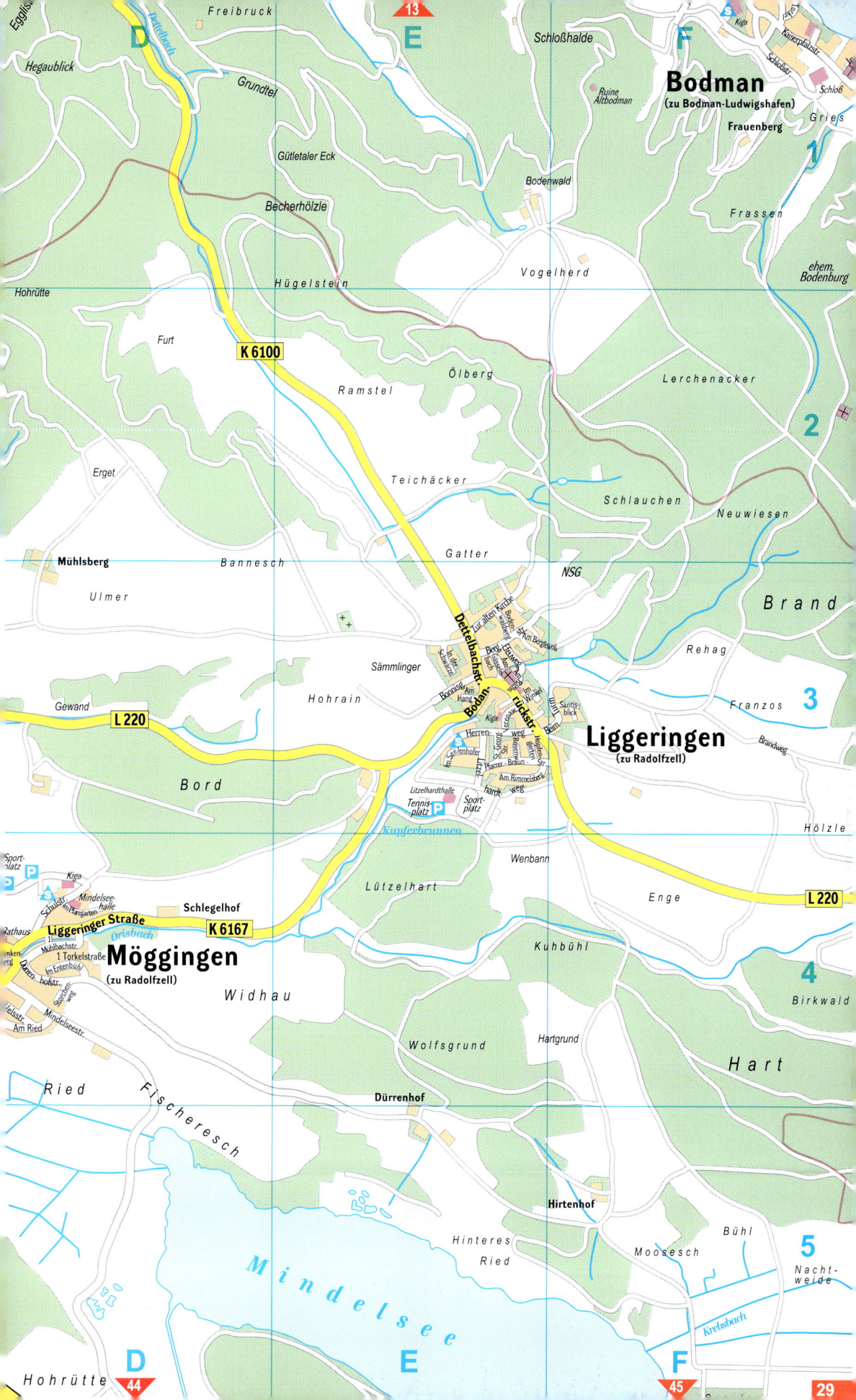

Bodman
(zu Bodman-Ludwigshafen)

Langenrain
(zu Allensbach)

Gries

ehem.
Bodenburg

Sigmunds-
ruhe

Idrichstal

Watthenke

Goggletal

Effletal

Lipsental

Stöckenloch

Hals

Teufelstal

Brisenhalde

Pfrundacker

Tannen

Juchtbühl

Gumpenhorn

Blissen

Hölzle

Denacker

Röhrnang

Höfen

Grabhügel

Vogelherd

L 220

Franzenhöhe

Zum Hof Höfen

Bauern-
museum

Oberdorfstr.

Dorf-
platz

Raths.

Im Tobel

Birkwald

Brunnenstube

Zum
Vogelherd

Liggeringer Straße

Kläranlage

Königweg

Reiterhof

Hasenbühl

Bannbühl

Zum Mindelsee

Schloß
Langenrain

Denac-str.

Langenrainer Str.

Bolz-
platz

Halde

Hasenhalde

Gallensberg

K 6168

Heuberg

Koppenrütte

Fuchsbühl

Zimmermannshau

Nacht-
weide

ehem.
Storchenhof

Sträuchle

K 6171

Öhmdwiese

Speicherholz

Stöckenmühle

Stöckenhof

Sipplingen

Bad

Gartenstr.
Im Breiten
Schulstr.
Fischer-weg
Bootsvermietung
Seestr.
DB

D
E
F

Gewerbe-gebiet
Homberg
Tennis-platze
15

Kastler
Weiler
Kohlwiesen

Burghalde
NSG

1

Waffental
Geiggen-berg
NSG
Bonnerbach
Rotweilerberg
Umspann-werk

31
Sippang
Wanderparkplatz
Korntal

NSG
Rosenberg
Süßenmühle
Zum Rebosch

Zum Rebosch
Zum Loch

Fidelis-höhle
Zum Rebosch
2
NSG

Setzgarter Hafen

3

Halbmond
Weiher
Ruine Kargegg

4

Kargegg
Loch
Golfplatz
Bruderholz
Höhle

Buchholz
Eichhölzle

ehem.
St. Katharina
Katharinabach

Burghof
5

Streitmoos
Maiersberg
Geißstall
Teufelstisch

D
E
F

46
Bauenberg
47
31

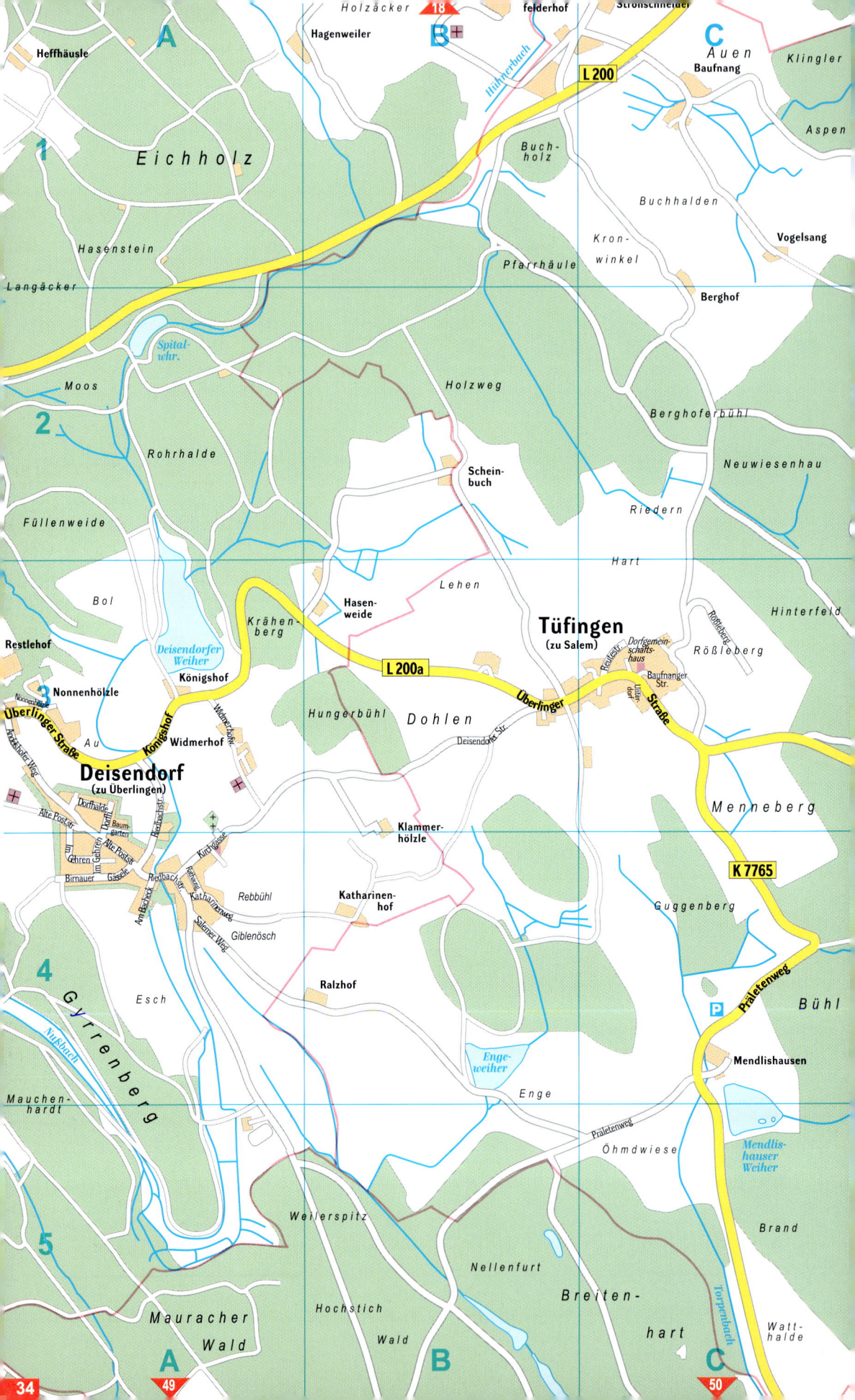

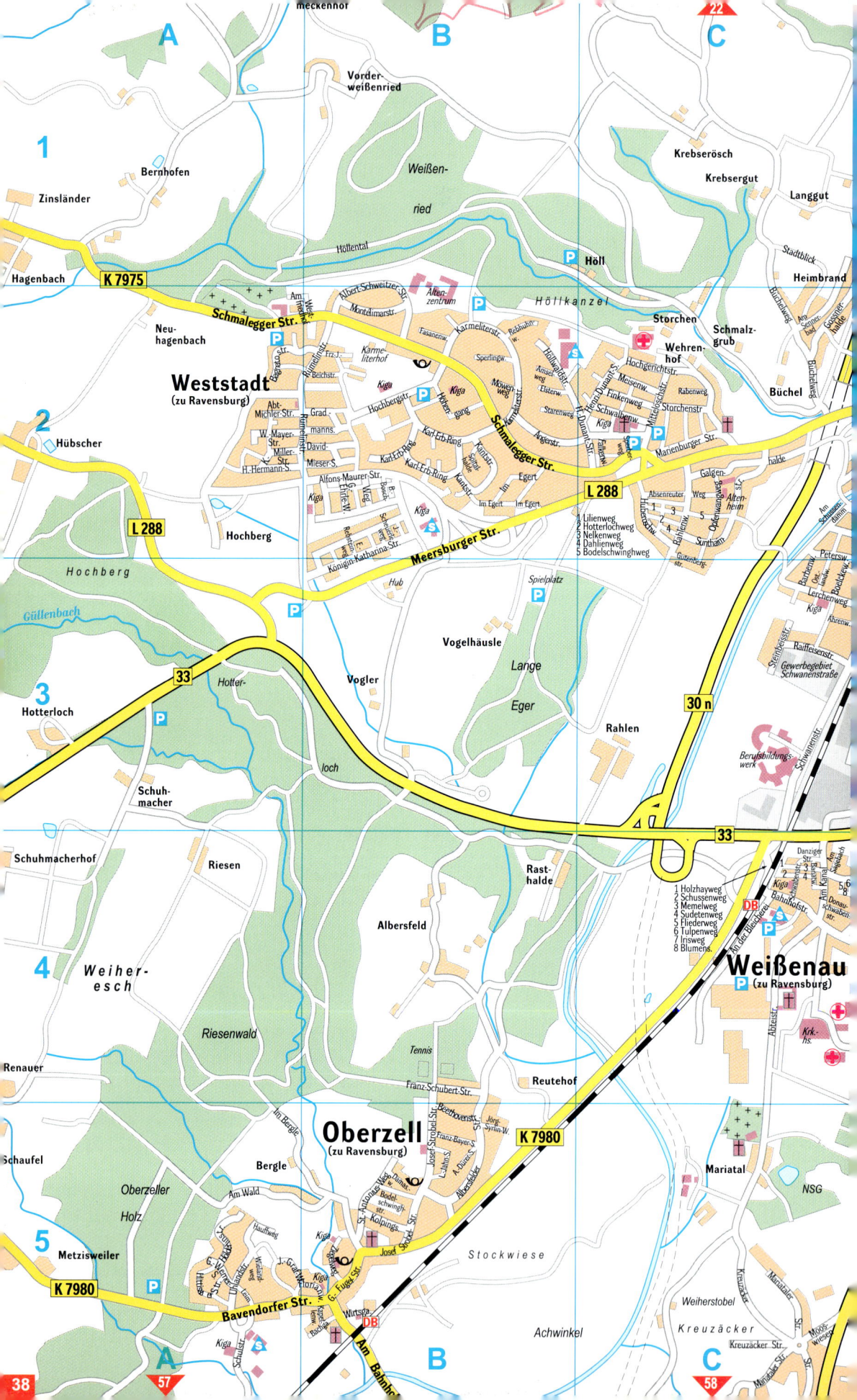

1

2

3

4

5

meckennor

Vorder-
weißenried

Bernhofen

Zinsländer   Weißen-
ried   Krebserösch

Krebsergut

Langgut

Stadtblick

Höll   Höll   Heimbrand

Hagenbach   K 7975   Höllkanzel

Schmalegger Str.   Storchen

Neu-
hagenbach   Albert-Schweitzer-Str.   Alten-
zentrum   Wehren-
hof   Schmalz-
grub

Fassanenw.   Karmeliterstr.   Hochgerichtstr.

Karme-
literhof   Meisenw.   Büchel

Weststadt   Kiga   Kiga   Höfen-
(zu Ravensburg)   Hochbergstr.   gang   Kiga   Storchenstr.

Hübscher   Abt-   Grad-
Michler-Str.   manns-   Karl-Erb-Ring   Marienburger Str.
W.-Mayer-   David-
Str.   Mieser-S.   Karl-Erb-Ring   Galgen-
H.-Hermann-S.   Alten-
Alfons-Maurer-Str.   Im Egert   Im Egert   heim

Hochberg   Kiga   Kiga   1 Lilienweg
Königin-Katharina-Str.   Meersburger Str.   2 Hotterlochweg
3 Nelkenweg
Hochberg   Hub   4 Dahlienweg
L 288   5 Bodelschwinghweg
Güllenbach   Spielplatz   Petersw.

Vogelhäusle   Lerchenweg
Kiga   Ahrenw.
Vogler   Lange   Raiffeisenstr.
33   Hotter-   Gewerbegebiet
Eger   Schwanenstraße
Hotterloch   Ioch   Rahlen   Berufsbildungs-
werk   30 n   werk

33   Danziger

Schuh-
macher   Rast-   Kiga
Schuhmacherhof   halde   1 Holzhayweg
Riesen   2 Schussenweg   DB   Bahnhofstr.
3 Memelweg
Albersfeld   4 Sudetenweg
Weiher-   5 Fliederweg   Weißenau
esch   6 Tulpenweg   (zu Ravensburg)
7 Irisweg
8 Blumens.
Riesenwald
Tennis   Abteist.   Krk.-
Franz-Schubert-Str.   Reutehof   hs.
Renauer
Beethovenstr.
Schaufel   Im Bergle   Oberzell   Jörg-   K 7980   Mariatal
(zu Ravensburg)   Syrlin-W.
Bergle   NSG
Am Wald   Bodel-
Oberzeller   schwingh.
Holz   Kolpings.
Josef   Stockwiese   Weiherstobel
Metzisweiler   Kiga   Kreuzäcker
K 7980   Kiga
Bavendorfer Str.   Am   DB   Achwinkel   Kreuzäcker Str.
Kiga

Radolfzell
am Bodensee

Z e l l e r s e e

Zellersee

Innenstadtplan
Radolfzell

Neu-Bohlingen

Iznang
(zu Moos)

Weiler
(zu Moos)

Mettnau

*Mettnau-
park*

Unterwiesen

Stetten

Im Mettental

Mösle

*Winkel-
wiesen*

NSG

L 226

L 192

K 6162

D · 27

E

F · 28 Stürzkreut

D · 61

E

F · 62 · 43

Sohnacker
Lerchental
Leimäcker
Hohrütte
Mindelsee
Mooshalde

33

Markelfingen
(zu Radolfzell)
Kapelläcker
Zur Kapelle
Hornhalde

1

Radolfzeller Str.
Riedweg
Kampfenst.
Feldstr.
Am Krähenberg
Stöckmösle
K 6168

NSG
Sportplätze
Radolfzeller Str.
Ober- dorfstr.
Reutte

2

Markelfinger
Winkel
NSG
Campingpl.
Strandbad
Rathaus
Riga
Markolf- halle
Lützelsee
Lochwiese

NSG
Brühl
K 6170
Heiligenberg
Eichle

3

NSG
Mettnau- park
Tennis- plätze
Strand- bad
Scheffel- schlößle
Strand- café
Kur- zentrum
Finkturm
Mettnauturm
Floenckow
Vogel- schutz- gebiet
Wanderheim
Schlafbach
(zu Reichenau)

4

Z e l l e r
S e e
Hagnau
G n a d e n -
s e e

5

Seewiesen

Adernbach

Hagenbuchacker

K 6168

Brandberg

Pfalz

1

Imennest

Heidenbühl

Münchholz

Gogolorishau

Gemeinmerk

Neuweiher

Wacholderberg

Friedrichshau

Bommern

R

Ü

Natur-
und Wildpark

Hühnerbühl

K 6169

Weiherholz

Loch

Homberg

C

Scheffhalde

Waldburgahof

Hölzle

2

K

Bündlisried

NSG

Riedrain

Fischerstr.

NSG

Langer Rain

Kaltbrunn

(zu Allensbach)

Rathaus

Müllerhof

Markelfinger Str.

Kornblumenweg

Auf dem Berg

S c h l a f b a c h

Fischerhaus

Breite

Wiesenstr.

Linden

Sport-
halle

Tennispl.

Roßberg

Sport-
zentrum

Sport-
platz

3

Lettenberg

Schalenmoos

Lochgäsle

Riesenberg

Ochsenberg

NSG

Tenne

Ebnet

Fohrenbühl

Aussichtspunkt

Reihetal

Radolfzeller Str.

Kapplerfeld

33

Brückle

Gewerbe-
gebiet

Zum
Riesenberg

Nägelesledar

Lohorn

Sonnenhöhe

Walzenberg

Zum Walzenberg

Im Reihetal

Im Vogelsang

Radolfzeller

Straße

Ackerw.

Kiga

Sport-
platz

Kaltbrunner Str.

3

Höhrenberg

Scheffelstr.

Am Rain

Kilian-
Weber-
Str.

4

Schulstr.

Tennis-
pl.

Alpenblick

Mühle

Erlengasse

Allensbach

Kirch
gasse

Kiga

Polizei

straße

Im Weinberg

Hafnerstr.

Rathauspl.

Heimatmus.

DB

Konstanzer

Seegarten

P

Reichenau
(UNESCO - Weltkulturerbe)

Fischerg.

Speicherholz

A

B

C

Brunnenhau

L 220

S a c k

Schelmenhölzle

Am Weiher

Am Berg

Stöckenhofstr.

Schloß
Freudental

Am Schloßtor

Im Garten

1

Freudental
(zu Allensbach)

Langenrainer Straße

Zum Eingang

Schindlenholz

Höhe

Flachshau

Rohnhauser
Hof

Langenrainer Straße

P

Gogolorishau

Fuß- u.
Radweg

Schloßberg

Einfang

Fuchsbühl

J ü c h e r n

Gissentobel

Wacholderberg

Lerchenbühl

Loch

2

Wiesberg

Höhe

Höhe

Dobelmühle

Langenrainer

Zellerstr.

Sommerbergstr.

Hagenblick

Santisblick

Tal

de

Mittel

Garten

Mühlhaldenhof

Allensbacher

B

O

D

A

N

R

Ü

C

K

Markelfinger Str.

Rathaus

Kapellen-
platz

Freudentaler Str.

Dürrainhöfe

Mühlen
weiher

NSG

Allensbacher
Str.

F

Kern-
blumen-
weg

Im Heilingen

Kiga

Burstwiesen

NSG

Sport-
platz

Wuhrweg

Winterberstr.

Brühl

Wiesenstr.

Stau

Linden

Öhmd-
wiesen-
weg

Mühlbergle

K 6172

Dettingen
(zu Konstanz)

Sport-
platz

3

Kellhof

Heide

Moosberg

Riedberg

S t r e h l

Wertstoffhof

K 6171

Kaltbrunn
(zu Allensbach)

Hunger-
bühl

Buchberg

Riesenberg

Eigenhofen

Schalmen-

ried

Dachsberg

Mittlermoos

Ameisenberg

G r a b h ü g e l

N ä g e l r i e d

Gewerbe-
gebiet

Zum
Riesenberg

Buchrain

Gockelsberg

Junisberg

B u s s e n -
ried

NSG

Eichelrain

4

Im Reihat

Aimis

str.

Kilian-
Weber-
Str.

Im
Veinberg

Allensbach

33

Hof
Eichelrain

Zum Eichelrain

Röhrenberg

Reitern

Grabhügel

S c h ö n e n b e r g

Kaltbrunner Str.

Mühleng.

Erlen-
weg

Röhrenberg

Aussichtspunkt

Tafelholz

Baderle-
weiher

Schwarzenberg

Hegner Weg

Schwarzenberg

1 Prof.-Schmieder-Str.
2 Am Röhrenberg

Waldlehrpfad

Hafner-g.

Hegner-S.

Im Malloh

Zum Tafelholz

P

Kliniken
Schmieder

Stockteil

P

Sport-
platz

Um Bildrösch

Winkel

Sport-
platz

Adelheider Weg

Zur Setze

Am Hochfirst

Hoch

Straße

Gallus-
Zembroth-Str.

Konstanzer

P

Straße

O-Mar-
quard Str.

Diger-S.

E.-Mühleisen-
weg-Str.

Strandweg

Fuß und Radweg

Galgen-

Hegne
(zu Allensbach)

Hochfirst

Zum Schwarzenberg

Schloßbergstraße

Zum Hoch

Raths.

Gemverw.

S

F

Hochfirst

5

Strandbad

acker

33

Klöster u.
Schloß Hegne

Konradistr.

46

64

A

B

Hp. Hegne

DB

C

65

Geißbühl

Nußdorf
(zu Überlingen)

Strandbad Nußdorf

1

Jachthafen

Dingelsdorf
(zu Konstanz)

Schiffslände

Thingolthalle

P
Tennis-platz

Herren-garten

Grube   NSG

Fließhorn

Oberdorf
(zu Konstanz)

Laubart

Fuchshof

NSG

Kronbol

Neuhof

Grabich

L 219

Honselhof

Krähnhorn

Espenäcker

Kläranlage

Buchhaldenhof

Tobeläcker

P *Strandbad*

3

Mooswiesen

Espen

P

Purren Aussichtspunkt

Zum Purren

Bad

Haslen

Guckenbühl

Anlegestelle

Seeblickhalle

Litzelstetten
(zu Konstanz)

Reitplatz

5

Mühlen-weiher

Großer

NSG

Insel Mainau

Abendberg

Heiligenhölzle

Sport-plätze
P

Gärtnerei

Tennis-platz

Konstantinhalde

E g e l s e e

Scheuerhalde

Mauerholz

Salvator

1

Oberhof

Birnau
Kloster

Oberhof

Vrenhalde

Untermaurach

34

E54

Schloß
Maurach

Obermaurach

2

NSG

Seefelden

Seefelder Aach

Tennisanlage

Kläranlage

Pfahl-
bau-
museum

Alte Uhldinger Str.

Bodensee Str.

Aachstr.

3

Ried

L 201

Pfahl-
bauten

Kiga

Werft-
gasse

Storchenweg

Im Hasen Brühl

31

Strandbad

Seefelder Str.

Weiheracker

Poststr.

Schulstraße

Erlbachstr.

Hafen

Gartenstr.

Bergstr.

Seestr.

Fischergasse

4

Unteruhldingen
(zu Uhldingen-Mühlhofen)

Meersburger Str.

Waldstr.

Berg-

Weinberg-

Zielbahn

Str.

str.

5

Hafen

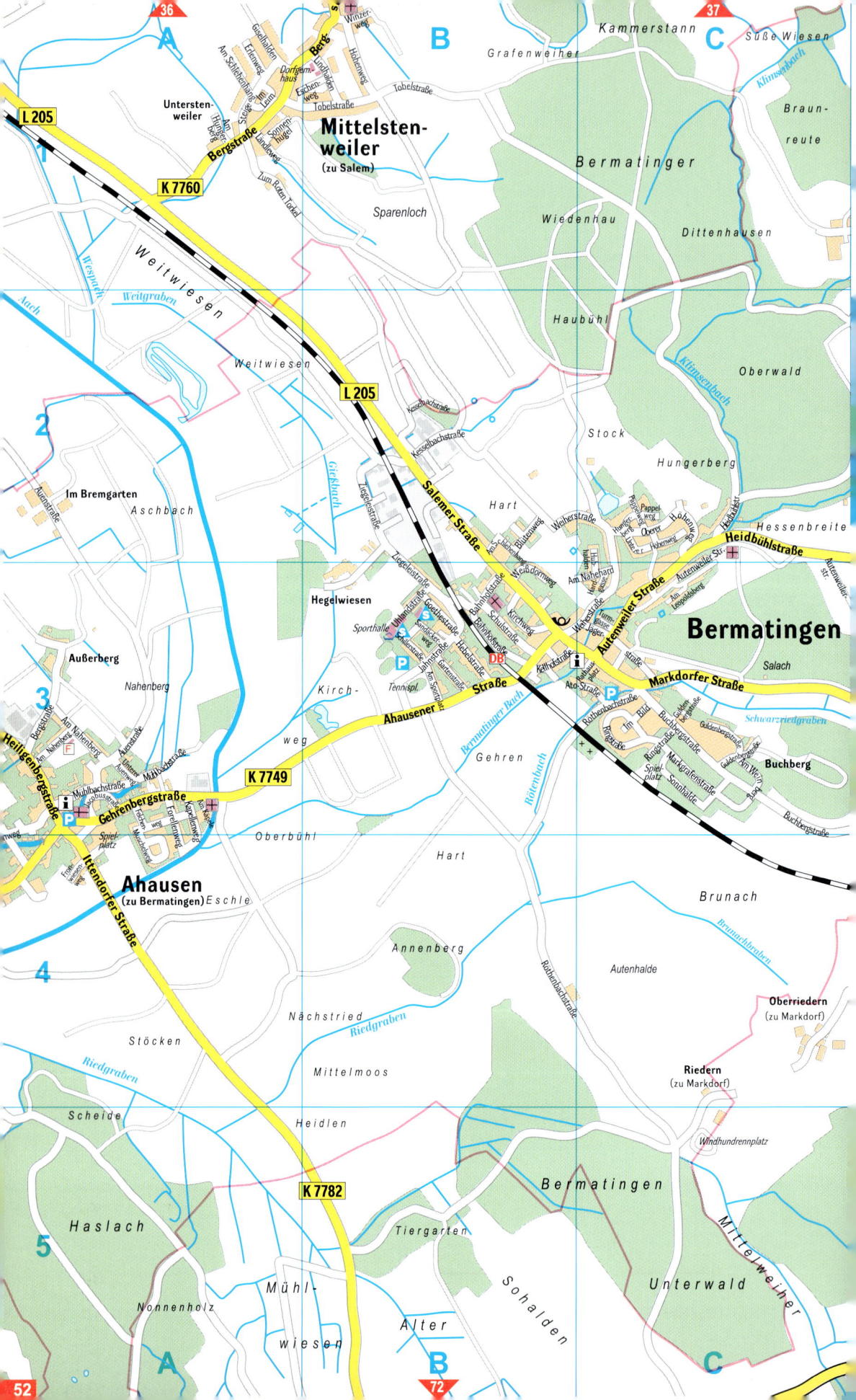

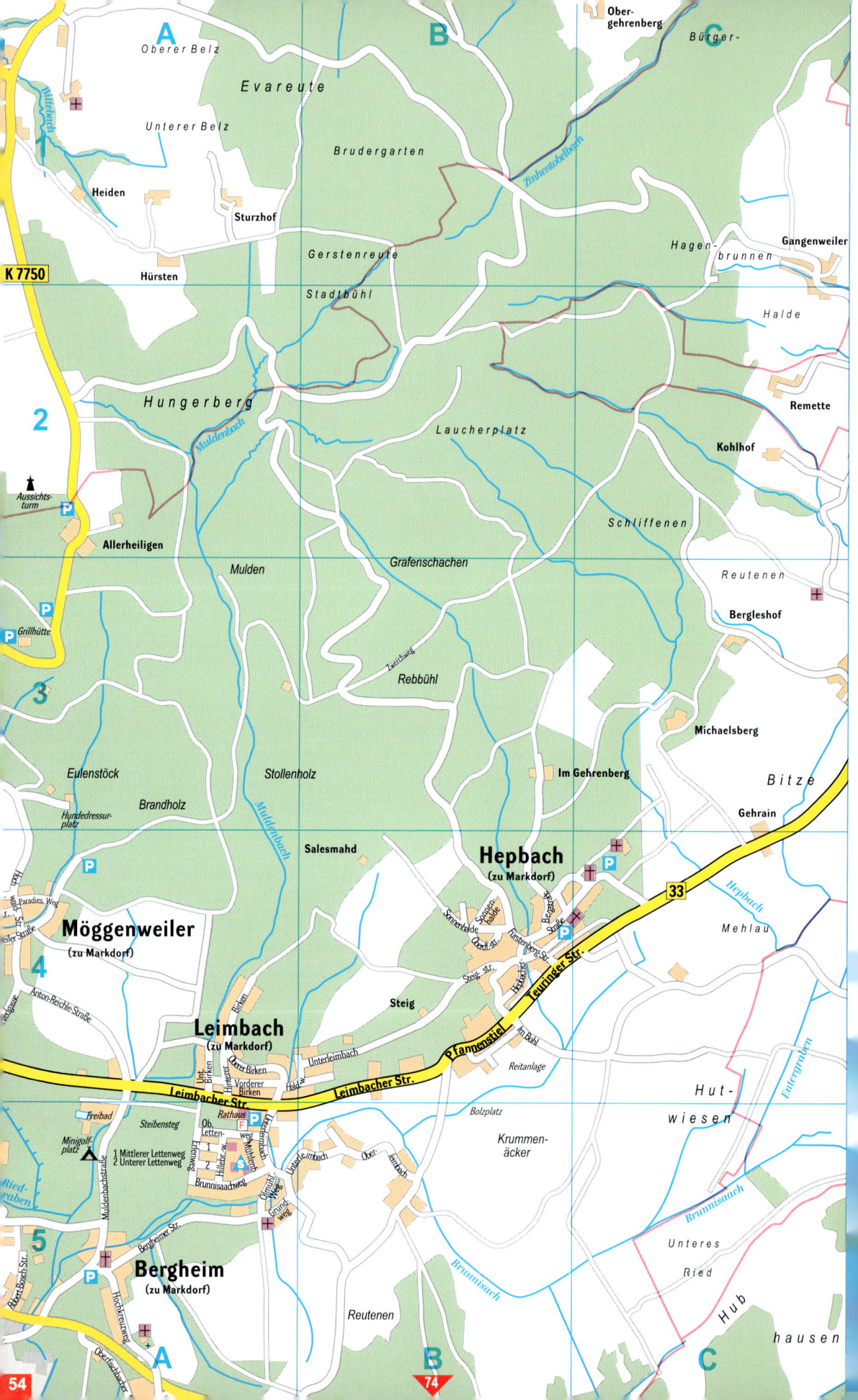

A

Oberer Belz

Evareute

Unterer Belz

Heiden

Sturzhof

Hürsten

K 7750

2

Hungerberg

Aussichts-
turm

P

Allerheiligen

Mulden

P

P Grillhütte

3

Eulenstöck

Brandholz

Hundedressur-
platz

P

Möggenweiler
(zu Markdorf)

4

Anton-Reichle-Straße

Birken

Leimbach
(zu Markdorf)

Unt. Birken
Hinterer Birken
Vorderer Birken
Ob. Birken
Halden

Unterleimbach

Leimbacher Str.

Freibad

Steibensteg

Minigolf-
platz

Ried-
graben

Muldenbachstraße

1 Mittlerer Lettenweg
2 Unterer Lettenweg

Rathaus
Ob.
Letten-
weg

Hiller-w.
Brunnisaadweg

Bamweg

P
F

Grund-
weg

Olympia-Weg

Bergheimer Str.

Robert-Bosch-Str.

P

Bergheim
(zu Markdorf)

Hochkreuweg

Oberfischbacher

A

B

Ober-
gehrenberg

Bürger-

Bruderg arten

Zinhemöbelbach

Gerstenreute

Stadtbühl

Muldenbach

Laucherplatz

Schliffen en

Grafenschachen

Zwei ch weg

Rebbühl

Muldenbach

Stollenholz

Salesmahd

Im Gehrenberg

Hepbach
(zu Markdorf)

Sonnenhalde
Scheuben-
halde
Obstf. Str.

Fürstenberg Str.
Birgen-
Straße

Steig. str.

Steig

Pfannenstiel

33

Teutnäger Str.

Im Bohl

Reitanlage

Bolzplatz

Krummen-
äcker

Reutenen

B

C

Hagen-
brunnen

Gangenweiler

Halde

Remette

Kohlhof

Reutenen

Bergleshof

Michaelsberg

Bitze

Gehrain

Mehlau

Hepbach

*Hut-
wiesen*

Entengraben

Brunnisach

*Unteres
Ried*

*Hub
hausen*

C

74

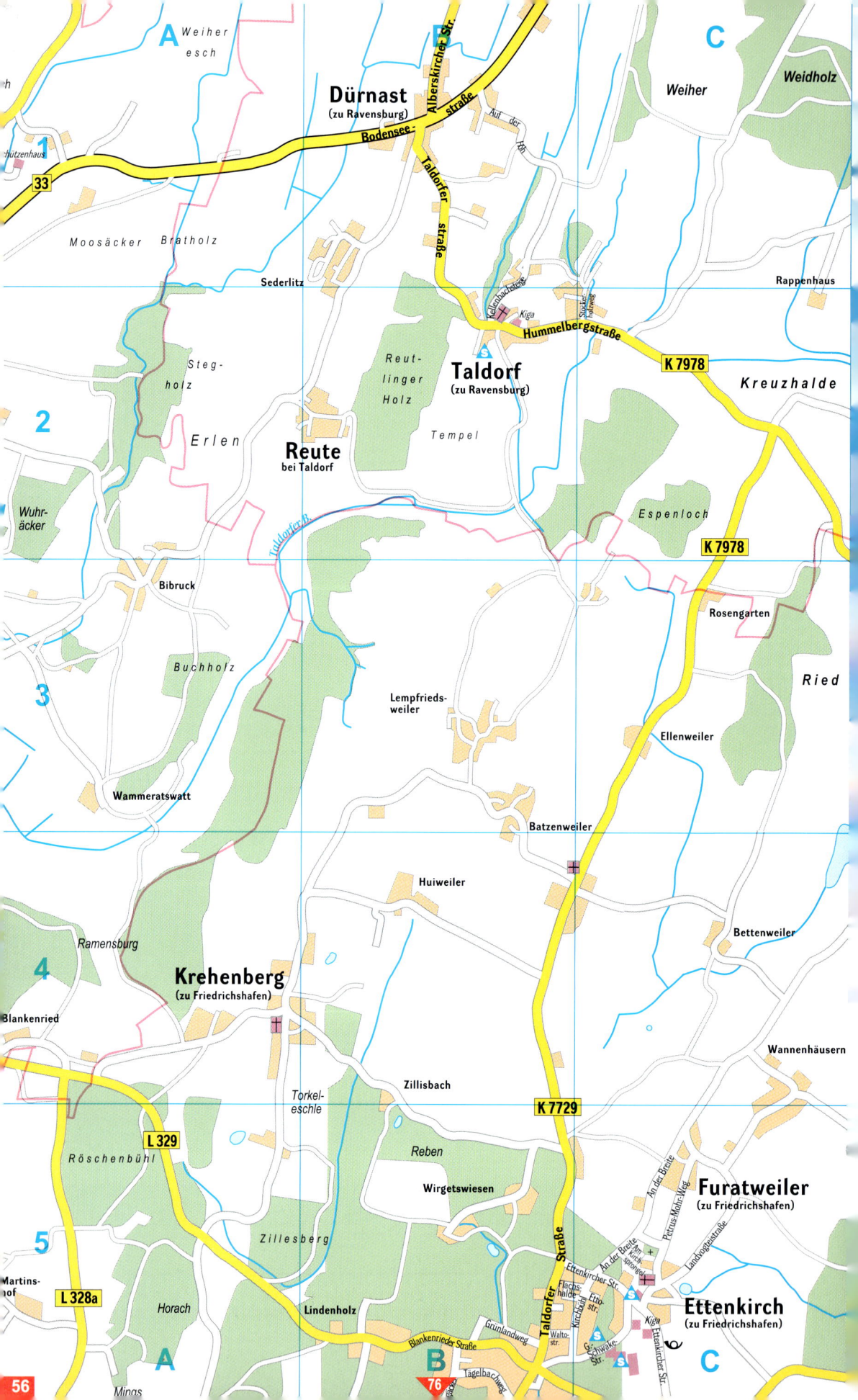

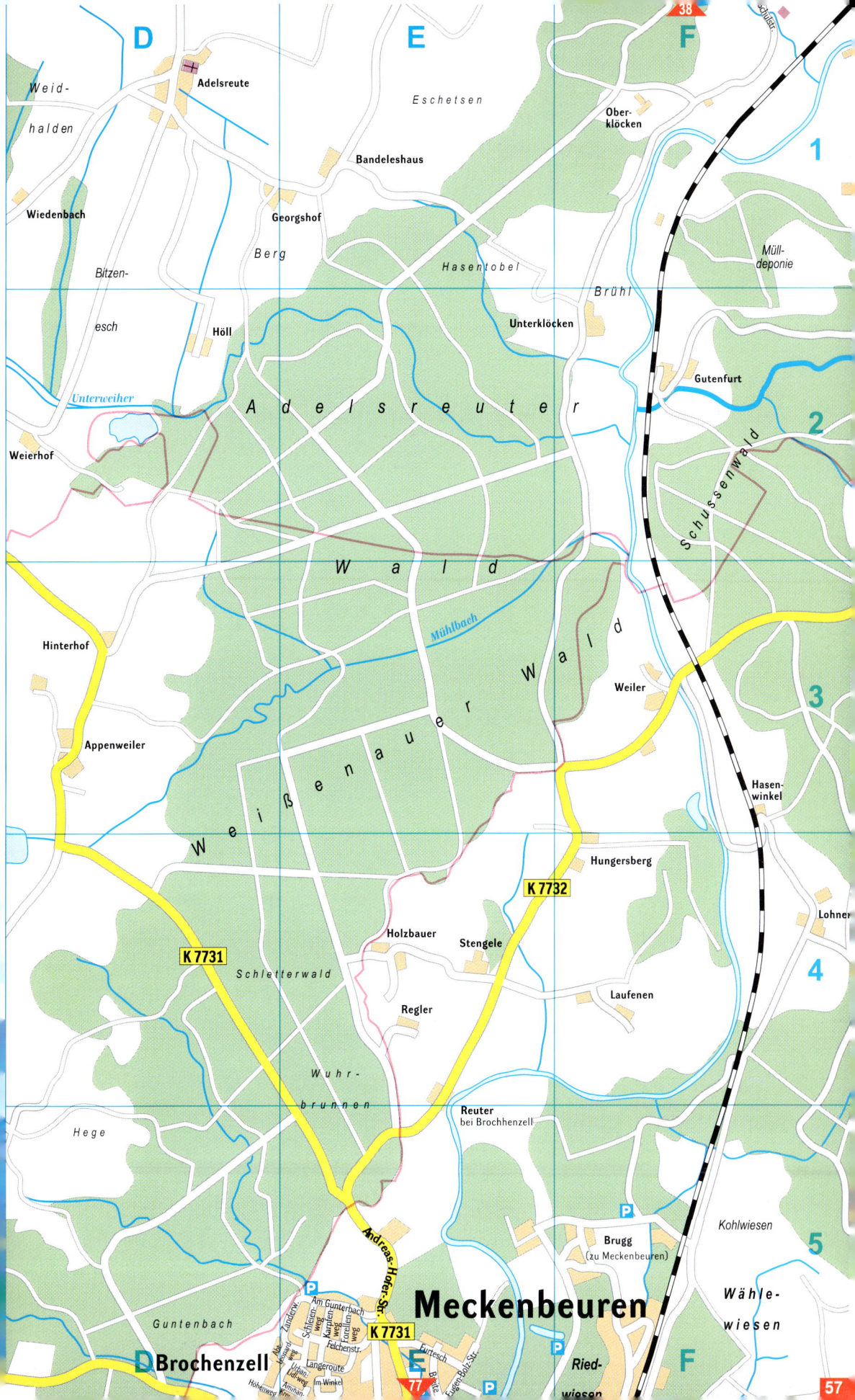

D
E
F

1

Weid-
halden

Adelsreute

Eschetsen

Ober-
klöcken

Wiedenbach

Bandeleshaus

Georgshof

Berg

Hasentobel

Brühl

Müll-
deponie

Bitzen-

esch

Höll

Unterklöcken

Gutenfurt

Unterweiher

A d e l s r e u t e r

2

Weierhof

Schussenwald

W a l d

Hinterhof

Mühlbach

Weiler

3

Appenweiler

W e i ß e n a u e r   W a l d

Hasen-
winkel

Hungersberg

Lohner

K 7732

Holzbauer

Stengele

K 7731

Schletterwald

Laufenen

4

Regler

W u h r -

brunnen

Reuter
bei Brochenzell

Hege

P

Brugg
(zu Meckenbeuren)

Kohlwiesen

5

P

W ä h l e -
wiesen

G u n t e n b a c h

P

Am Gunterbach
weg

Schlierer
weg

Karpfen
weg

Forellen
weg

K 7731

Gürtesch
Brite

Eugen-Bolz-Str.

P

Meckenbeuren

D **Brochenzell**

E

Ried-
wiesen

F

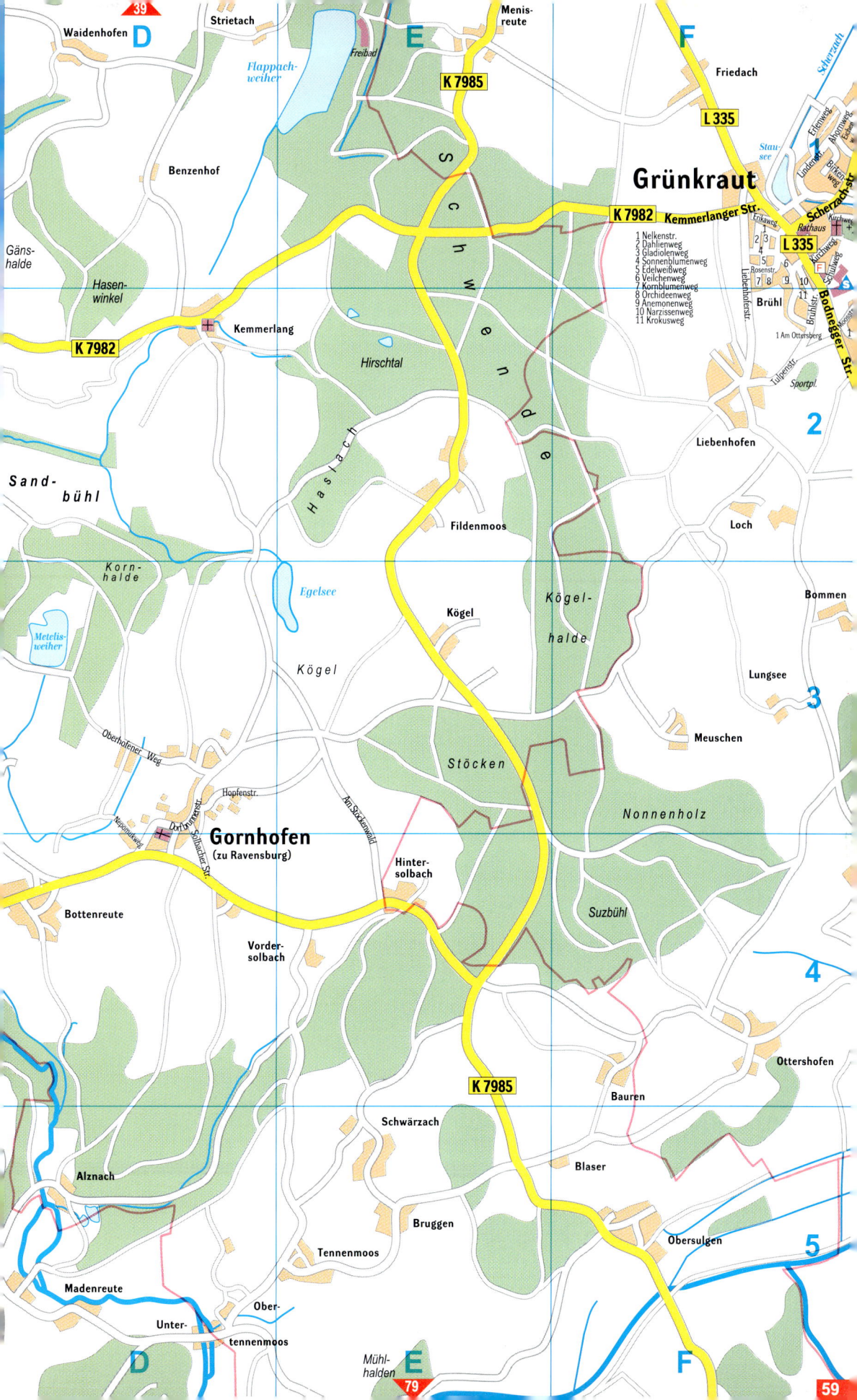

D E F
Gärtnerei
Hafen

Schloß

Insel Mainau

Gärtnerei
Hafen
Insel
Mainau
Schloß

Insel Mainau

F

P

Uni-Sport-
plätze
Fuß- u. Fahrradweg
Badepl.
Egg
(zu Konstanz)

Limnologisches
Institut
Jacht-
hafen

Uni-
Sport-
halle
Am Schloß Bl.
Bachgasse
Bodensee - Radwanderweg

L 219
Siedlerweg

2

Eggerhaldestr.
Egger Str.
Flurweg

P

Universitätsstr.
Universität
Krähenberg
Holzgasse
Koberle
Str.
Tennis
+
Wasserturm
Hohenegger.
Jugend-
herberge

Eichbühlstr.
P

Fuchsbühl
Mainau - str.

Allmannsdorf
(zu Konstanz)
Ruppanerstr.
Amalienstr.
Schiffstr.
Bodanweg
Autofähre
Konstanz-Meersburg

3

Universitäts-
Königsbau
Laborgebäude
(zu Konstanz)
Jacob-Burckhardt-Str.
W. Sombart-Str.
Fasanenweg
Zum Hinterhof
halde
Kirche
Nestgang
Torellengang
Hechtg.
Schiff- str.
W.-Graf-Pl.
P
Jachthafen

2 1 Spechtw.
2 G.-v.-Herder-W.
Sonnenbühl
Rob-
Koch-Str.
Sportplatz
Betten
Peter-Rosegger-Weg
Staader Str.
Hohenegg.
Fischerst.
Meerst.

Ulhandstr.
Silvanerweg
Burgunder.
Elbling.
Rulän-
dersteig
Hardtgasse
Ober- steig
Kapellenw.
Zandergasse
Brachengang
Movenweg
Staader
Thalweg
Überlinger Str.
Hohenreute
Haltnauer
Weg

Taiteberweg
Buchen
gang
Hohenweg
J.Weinbg.
Mainaustr.
Staad
(zu Konstanz)

Friedrichstr.
Hohenweg
Sonnenhaldesch.
Deutschordenshalde
Edelseeweg
33
An der
Baptistenk.
Loretto
+
Peter-Thumb-Str.
Pirmaser Str.
Lindauer
Str.
Fohrenweg

4

ösch 4WG-Kita
Kiga
Sonnen-
rain
Sieren-
moos-
bergw.
Bicken-
Zur Friedrichstr.
Maria-
Hilf-Platz
Hirm-
Wilh.-v.-Scholz-W.
NSG
Sportplatz

Hansegartenstr.
Grunen-
bergw.
An der
Linde
Ernst-Sachs-
mayer-Str.
Emanuel-von-Bodman-Weg

Allmannsdorfer Str.
Str.
Brandestr.
K.-
Witz-W.
F.-
Liszt-Str.
Lehrlings-
heim
Salesweg
Radsport-
halle
P
Tennisplätze
Sport-
platz
Hockey-
Sport-
platz
Wasserwerk

Zähringer Pl.
P
Im
Neugut
Klinikum Konstanz
Zeppelinstr.
Handelstr.
Sport-
platz
Seehalde
P

St.-
Gebh.-Pl.
P
Luisen-
str.
Buchnerstr.
Beethoven-
Haydn-
Schubertstr.
Fontainebleau
Allee
Lorettowald
Emanuel-von-Bodman-Weg
Jakobstr.
Bodensee-
Stadion
Freibad Horn

5

Mainaustr.
S
Neuhauser
Str.
Eichhorn-
str.
Zum
Eichenbaum
R.-Wagner-Str.
Bücher-
ackerstr.
H.-Hug-Str.
Polizei
Nettmannstr.
Grün-
Luzengang
See-
str.
Alpen
Kamor.
str.
Mozartstr.
Hinterhauser Str.
Tennis-
plätze
Tennis-
halle
Bischof-
J.-S.-Bach
R.-Schumann-Str.
Alice
Eichhorn-
str.
H.-Hesse-Weg
Tennisplätze
P
v.-v.-Scholz-Weg
Wendelstr.
Bodensee-
therme
Freibad
Jakob

Seeuferweg
Kliniken
Schmieder
Konstanz
Alpsteinweg
Zur Grid

D E F

Konstanz

Petershausen (zu Konstanz)

Paradies (zu Konstanz)

Tägerwilen

D Allmannsdorf
(zu Konstanz)

Königsbau
(zu Konstanz)

E 67

Autofähre
Konstanz-Meersburg **F**

Universitäts-
Labargebäude

Jacob-Burckhardt-Str.
Kiga
W.-Sombart-Str.

1 Spechtw.
2 G.-v.-Herder-W.

Bob.-
Koch-Str.

Sportplatz

Staader Str.

Staad
(zu Konstanz)

Jachthafen

W.-Graf-Pl.

1

Maria-
Hilf-Platz

Loretto

NSG

Lindauer

Sportplatz

2

Lehrlings-
heim
Radsport-
halle

Sportplatz

Sportplatz

Tennisplätze

Lorettowald

Hockey-
Sport-
platz

Wasserwerk

Seehalde

Bodensee-
Stadion

Freibad Horn

Klinikum Konstanz

Eichhorn-

Tennisplätze

3

Kliniken
Schmieder
Konstanz

Bodensee-
therme

Freibad
Jakob

Kreuzlingen

4

Aussichtsturm

Seeburgpark

Minigolf

Bhf.
Kreuzlingen-
Hafen

Tierpark

Seeburg

Seemuseum

Yachthafen

Jugend-
herberge

Fischerhus

Promenadenstr.

Fischerhausstr.

Freibad

Seeweg

Hafen

Schlössli

5

Underi Müli

Freibad
Bottighofen

Romanshorner Straße

Schiess-
stand

Garten-
siedlung

D Kurzrickenbach

E 108 Haupt-

straße

Lifang

F 69

D **E** **F**

51

1

Stehlinsweiler

Riedetsweiler
Ortsweg
Ergeten
(zu Meersburg)
K 7749
Baitenhauser Str.
Alte

(Unterhof) (Oberhof)

Breitenbach

Straße
Siechen-
weiler
Gewerbe-
gebiet
Torstr.
K 7747

Riedle

Eichen

Försterhaus
Dürleberg

2

Breite
Am Weiher
Kronenstraße
Am
Weiher
Seehalde
Im Heppach
Schloss-
blick
Roggelestr.
Roggele
F

33

Egg

Bähre

Stettener Str.
Alte Landstr.
Trielberg
Landstr.
Rathaus
Kirchstr.
Schulstr.
Sportplatz
1 Tulpenweg
2 Rosenweg
3 Nelkenweg
4 Narzissenweg

Aspen

Haslach

Schwer.-Str.
Am Rosenhag
Hohenweg
Bohnberg
Bimbergstr.
Gracenweg
Gartenstr.
Hustr.
Breitenstr.
Haslacherweg
Münster
Münster Str.

Tröschlestr.
31
Beim Wetterkreuz
Hohenweg

Stetten

Hülo

Fohrenberg

Segel-
hafen
Hohenweg
Obstgut
Faust
Eichlege-weg
Lerchenberg
Kläranlage
Pfattishag

3

Blinzen

Wilhelms-
höhe

Wilhelmshöhe

Gewerbe-
gebiet
Langdh.

Ehrenstätte

Segel-
hafen
Am See
Höhenweg
Seestr.
Au
Rosenhof
Hohenweg

Harlachen
Harlacher Str.
Untere Loh

Burgstall

Laim

Mühlbachweg
Pfaffen
-hang
Neuhausenweg
Meersburger Str.
Neugartenstr.
Strähle-
weg
Hohenweg
In Neugartens.
Neugartens.
Steinäckerweg
In der
Breite
Hauptstraße
In der
Kapellenstr.
Hansjakobstr.
littendorfer Str.
Dr.-Fritz-Zim.
Benz-Str.
Kirch-
Str.-Seehalde
In I Feld
Rosenweg
Seestr.
Strandbadstr.
Rathaus
Tenn

Behinderten-
parkpl.
West-
hafen
Ost-
hafen

Hagnau
(am Bodensee)

5

D **E** **F**

71

A B C

1

33

Weiher

Wirrensegel

Farnach

Ahauser Straße

Andreas- Strobel- Straße

Schloß

Langenbergstr.

Arzenberg-Dobel-straße

Rathaus

Meersburger Straße

Ittendorf
(zu Markdorf)

Kirchstraße

Kippenhauser Straße

1 Kirchstraße

Kiga

Breite

Hohenwald

Eck

Weingartenstraße

Dorfweiher

Felbenweiher

2

Bäri

K 7746

Hundweiler

P

Längenen

Wein-

Reute

Weiher-
holz

3

garten

K 7782

Gewerbe-
gebiet

Lochholz

Ikeles-
holz

Langbühl

Haldenhof

P

Frenkenbach

Weiherholz

Hagnau
(am Bodensee)

Ittendorfer Str.

St. Johannes-weiler W.

Kirch-weg

Am Sonnenbühl

Frenkenbacher Str.

Bucherweg

Kreuzackerweg

Fuchsberg

Seebach

Kippenhausen
(zu Immenstaad)

Herrenweiher

Kirchberger Str.

Seebachstr.

4

Hauptstr.

Rathaus

ndbadstr.

Tennis

Erlengraben

Rotenerd

Kirchberger Str.

K 7745

Austr.

Puppen-
museum

Heimat-
museum

Altenberg-str.

Kupferbergstr.

Wirbel

Nobel-Weil-str.

Wiel-Stolm

Ob. Kupferbergstr.

K 7745

Monfortstraße

Bürglen

31

Campingplatz

Freibad

Strandbad

Mühlbach

Schelle

Neuer
Friedhof

Seemoos

Kirchberg Schloß

Hochberg

St. Josef
Schloß
Hersberg

5

Freizeit- und
Skateanlage

Hardt-
horn

Wolfgangweg

Hardtstr.

Brüggerweg

St.-Mich.-Weg

Meersburger

Sommerberg

Wolfgang-
weg

Hardtstr.

Hardtstr.

Kiga

St.-Jodokus-Weg

Brodm.anger.

Kapellenweg

Kretzger-gang

Villen-

Hardtstr.

Kippenbom

Seestr.

Freibad u.

Freizeitpark

A B C

52

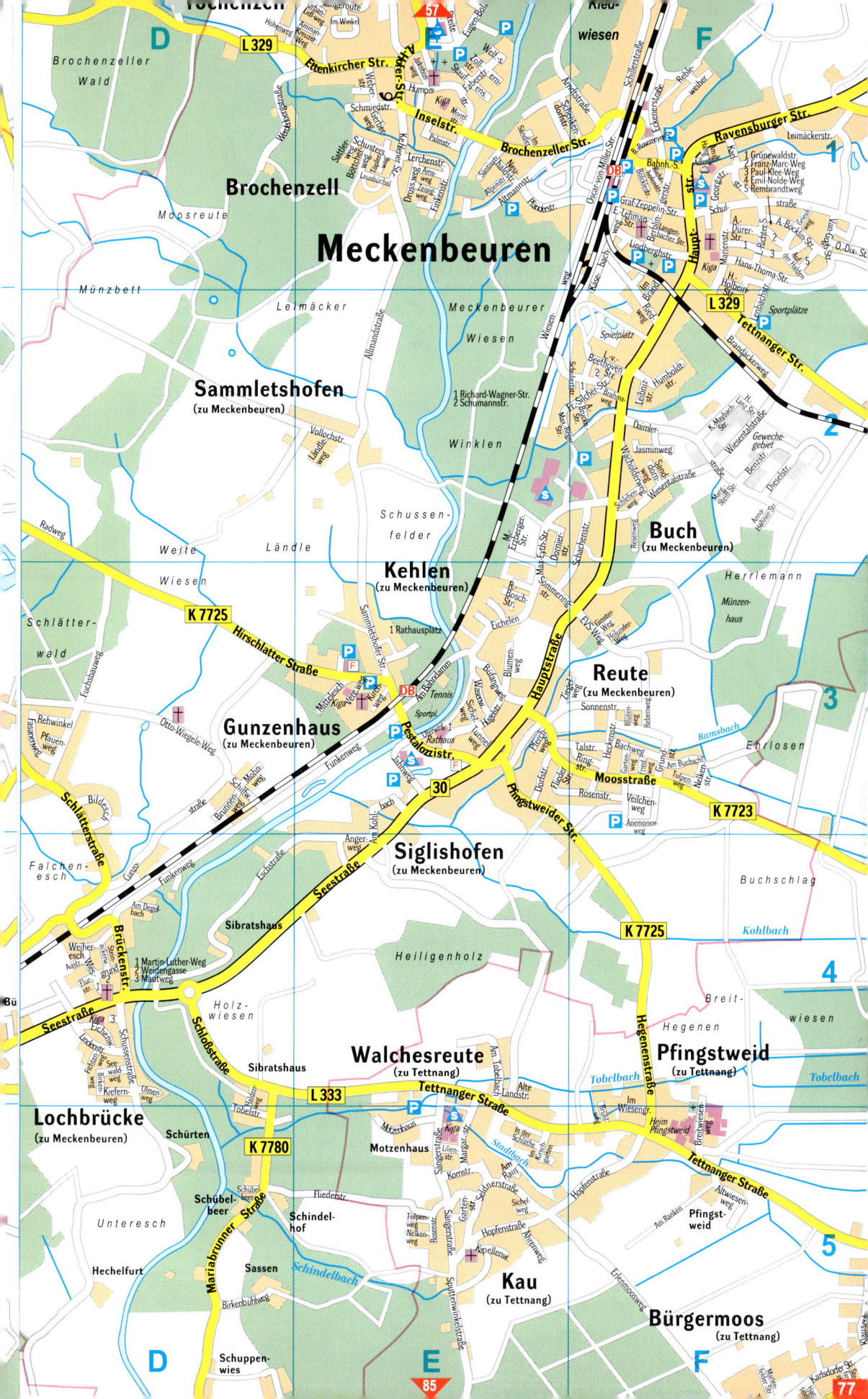

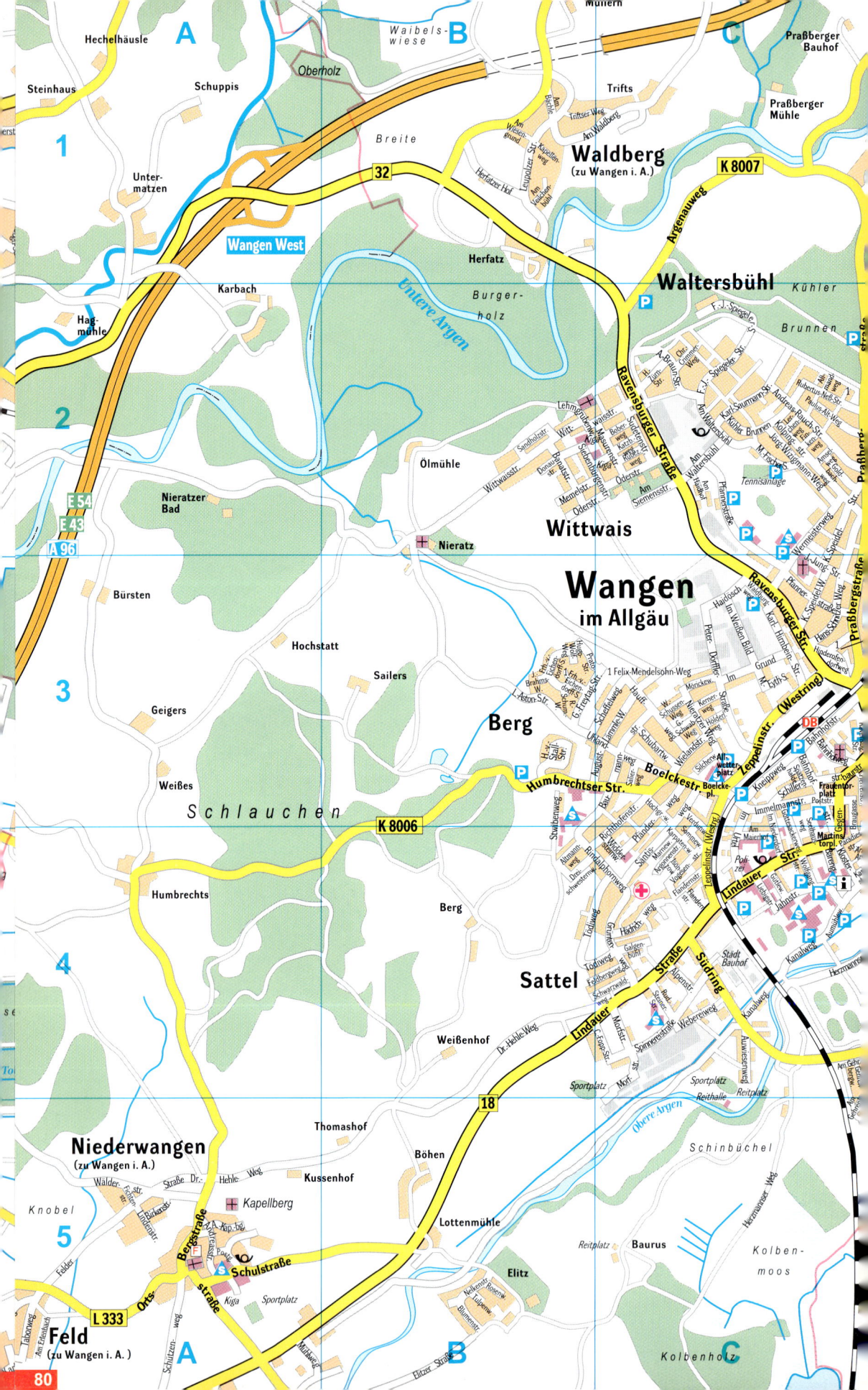

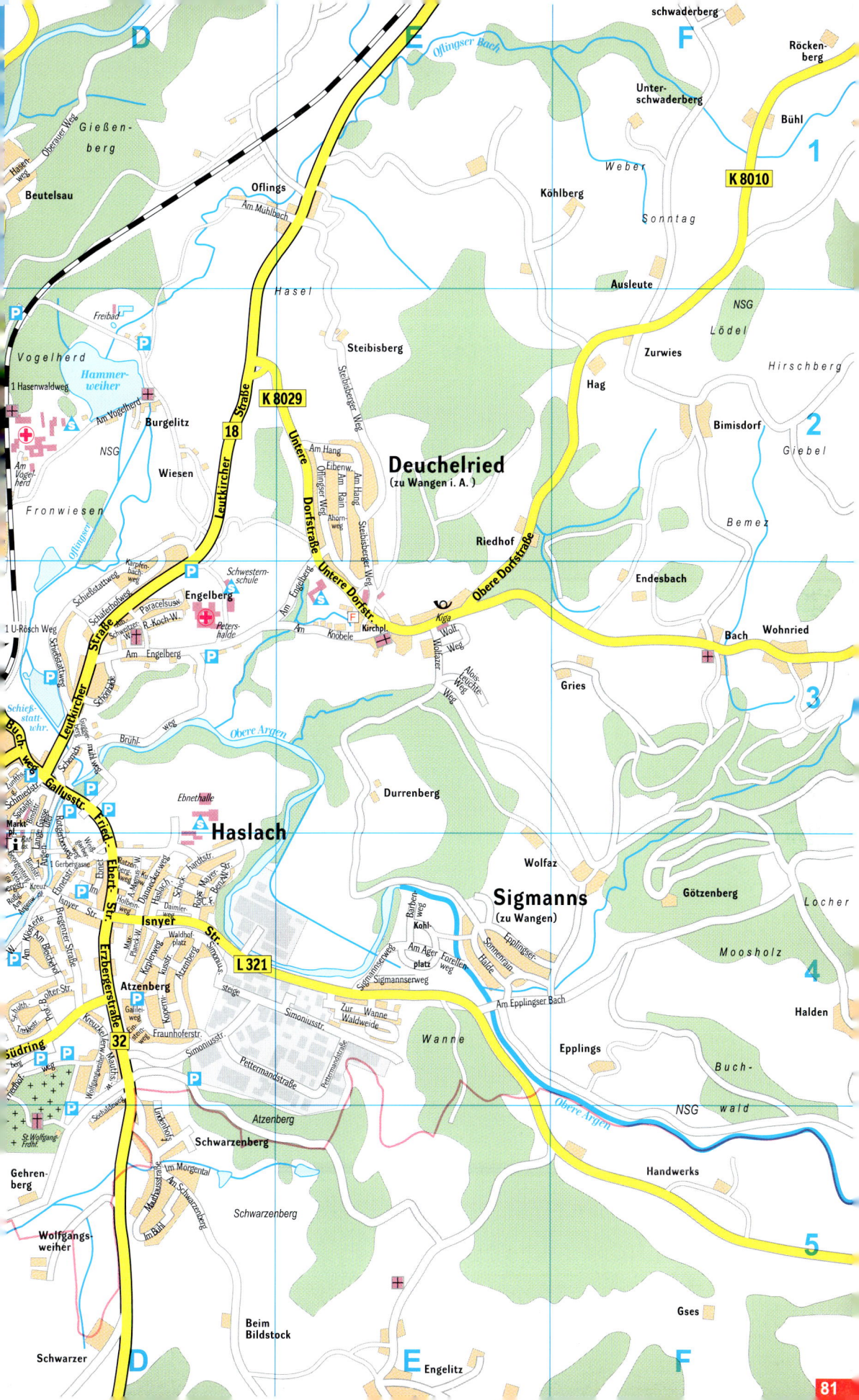

Friedrichshafen

Kitzenwiese

St. Georgen

Eriskirch

76

30

31 n
E 54

L 328a

31
E 54

Eckenerstraße

Paulinenstraße

Eberhardstraße

Hohenstauff-Platz

Ravensburger

Bücherei

Konradinstr.

Lindauer Straße

Schul-zentrum

Sport-platz

Camping-platz

Städt. Klär-werk

Gewerbe-gebiet

Don-Bosco-Heim

Ratenmoos

Lindauer Straße

Felchen-weg

Seewiesenstr.

Kreiderweg

Natur-

schutz

Neuwiesen

gebiet

Einkaufs-zentrum

Strand-bad

Schwediwiesen

R
i
e
d

Zahnradfabrik Werk 1

1 Schreienöschstr.

Östliche Uferstraße

A · B · C

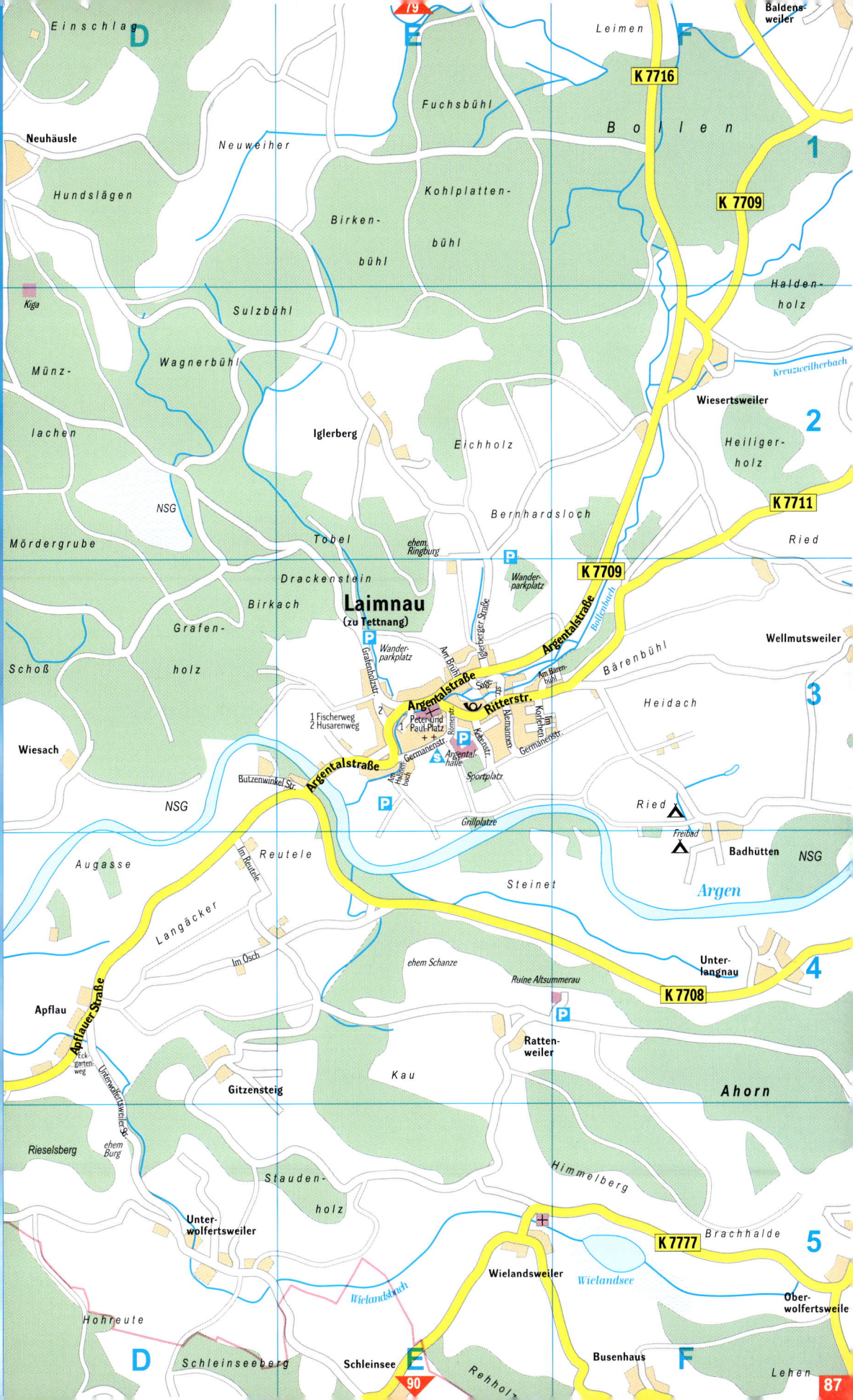

A B C

1

Schwedi

Bierkeller-
Waldeck

Hungerberg

Schützenweg

Tuniswald
(zu Langenargen)

Blindenrain

L 334

Mooser Weg

Surfplatz

DLRG-
Heim

Stummen-

garten

Tennishalle

Sportzentrum

Strandbad

Ludwig-
Durr Weg

Jahnstr.

Am Rosen-

2

Untere Seestr.

St.
Anna-
str.

Friedhofstr.

Grube

Totenweg

Mozartstr.

Eisenbahnstr.

Friedrichshafener

Str.

K 7706

Krummenen

Krumme Jauchert

Bildstock

Mühlesch

Oberdorfer

Str.

DB

Oschweg

Staren-
weg

Finkenweg

Kloster-
str.

Eisenbahn

Langenargen
am Bodensee

Schloß
Montfort

Marktplatz

Rat-
haus

Uhland-
platz

Platz-
Bois le
Roi

Lindauer

Str.

3

Hafen

Schiffs-
anlegestelle

Goethestr.

Schillerstr.

Mühlstr.

Bleichweg

Surfclub

Malerecke

Bleichweg

4

Freibadeplatz

Segel-
hafen

Bootshafen

5

A B C

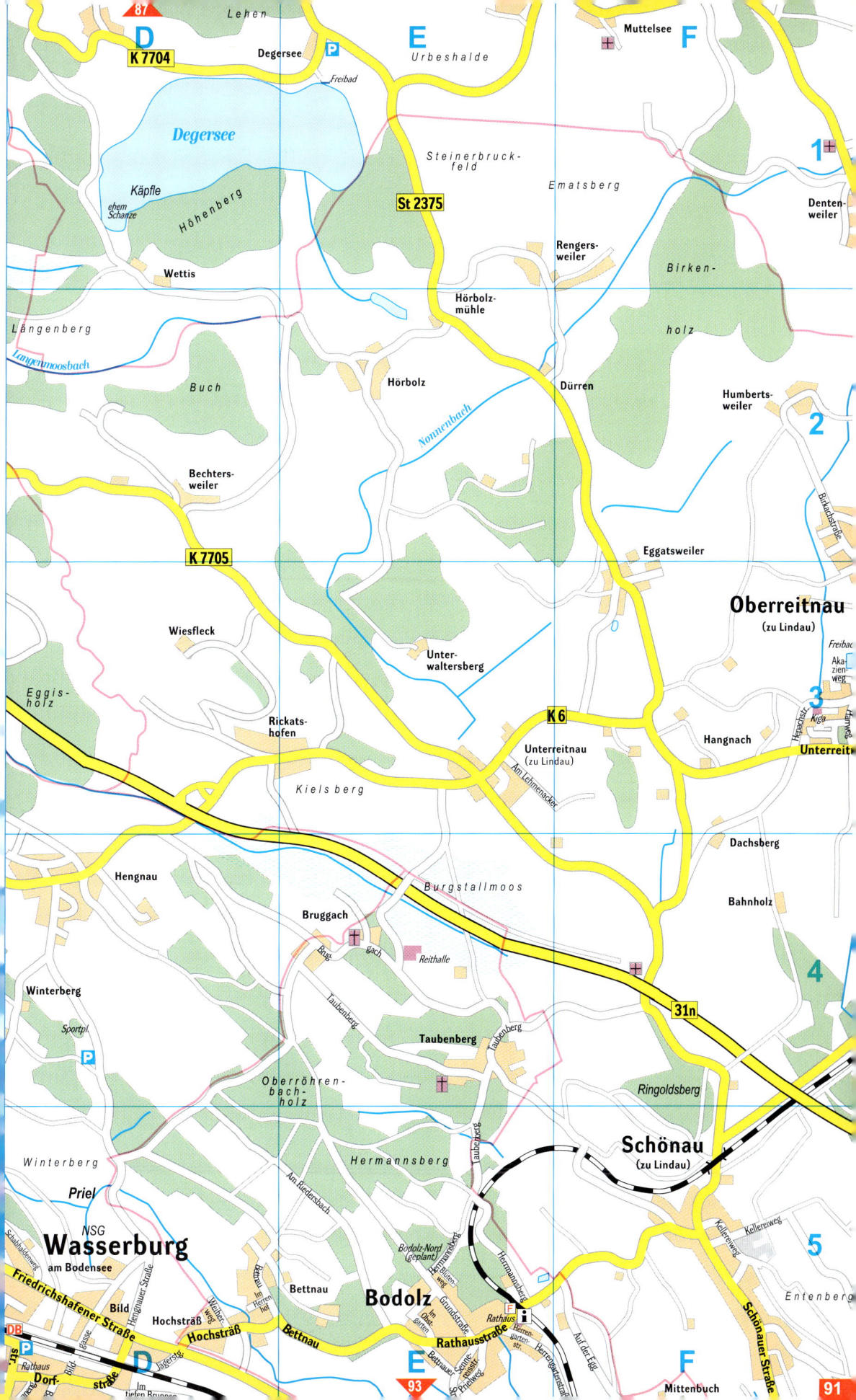

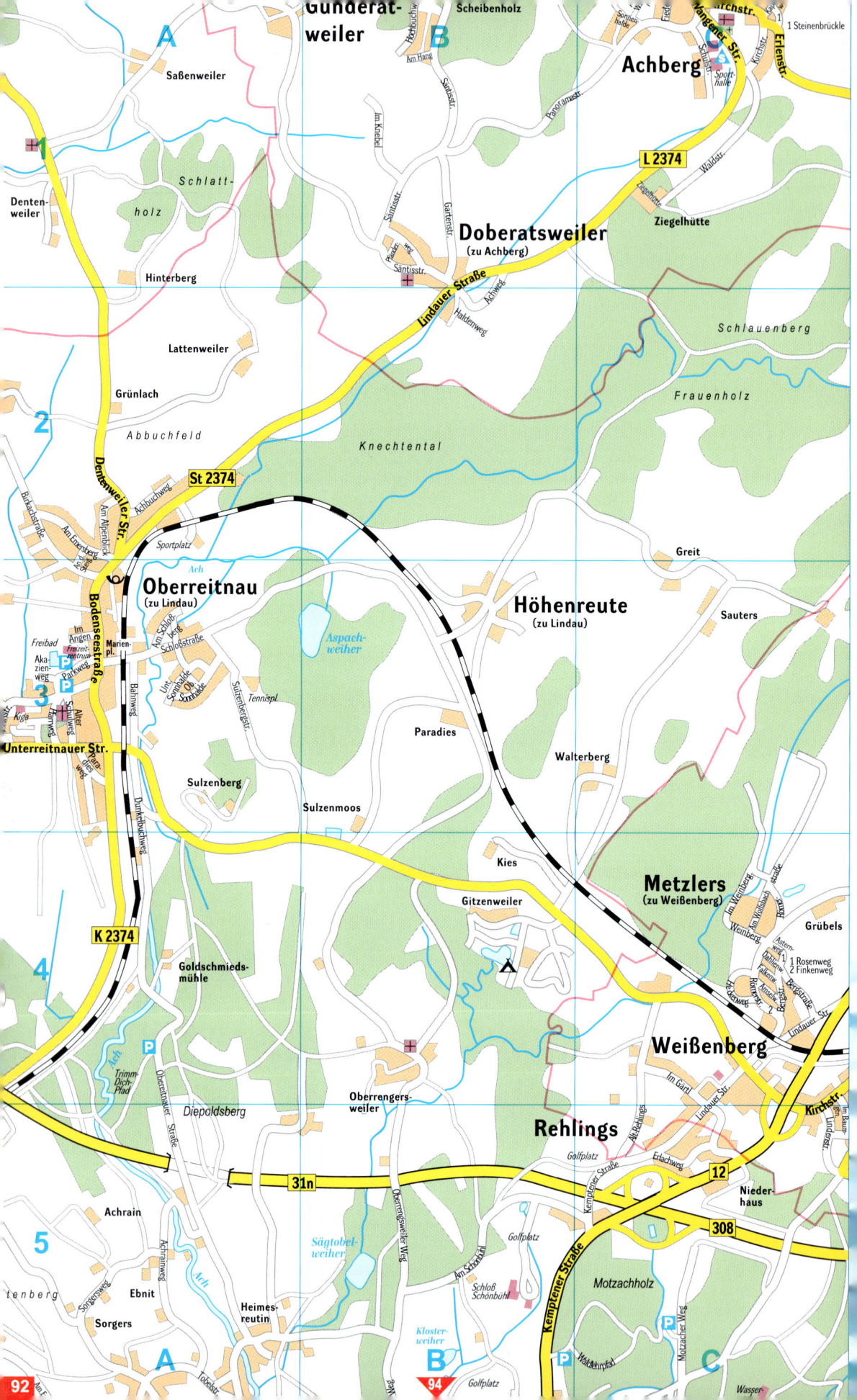

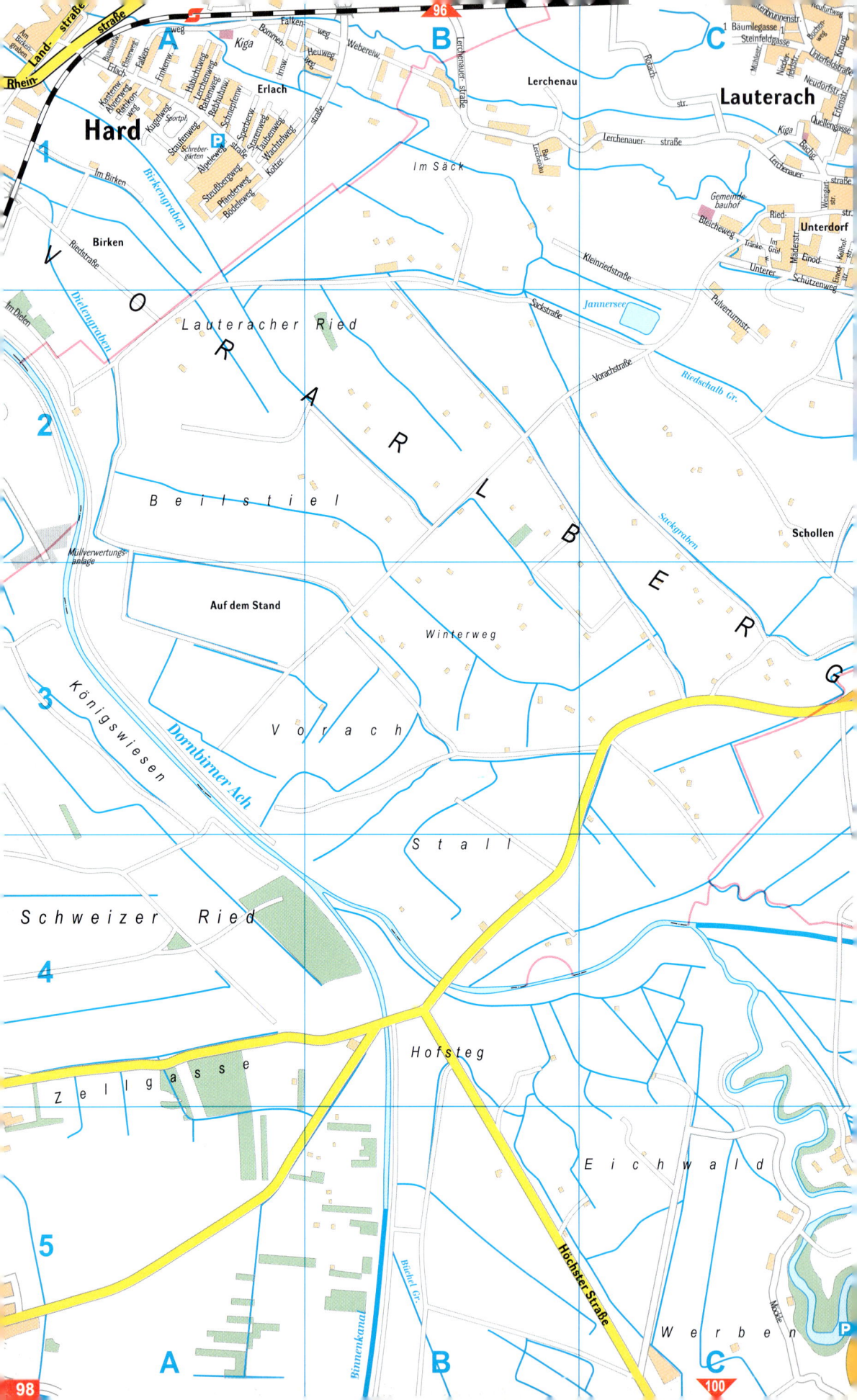

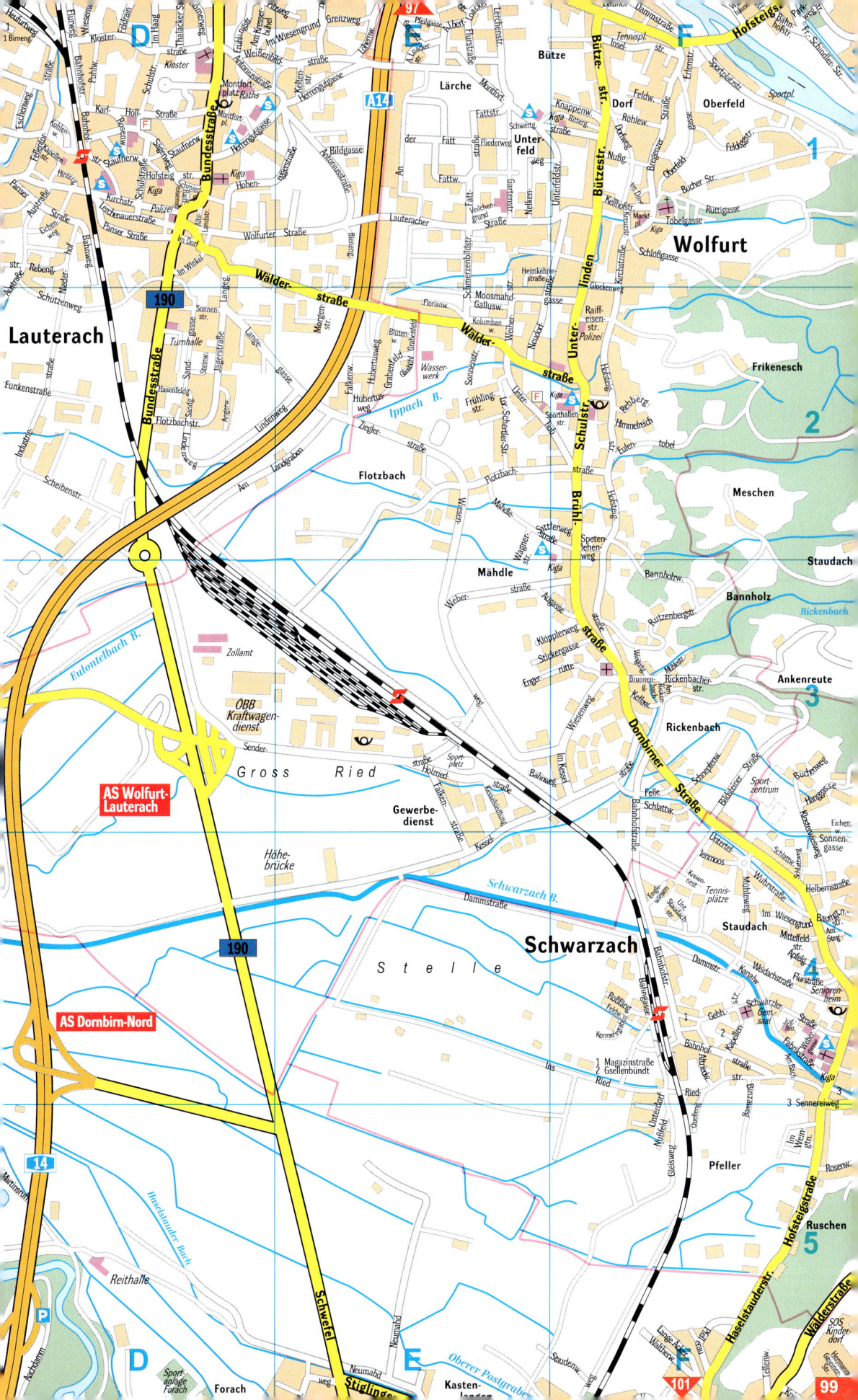

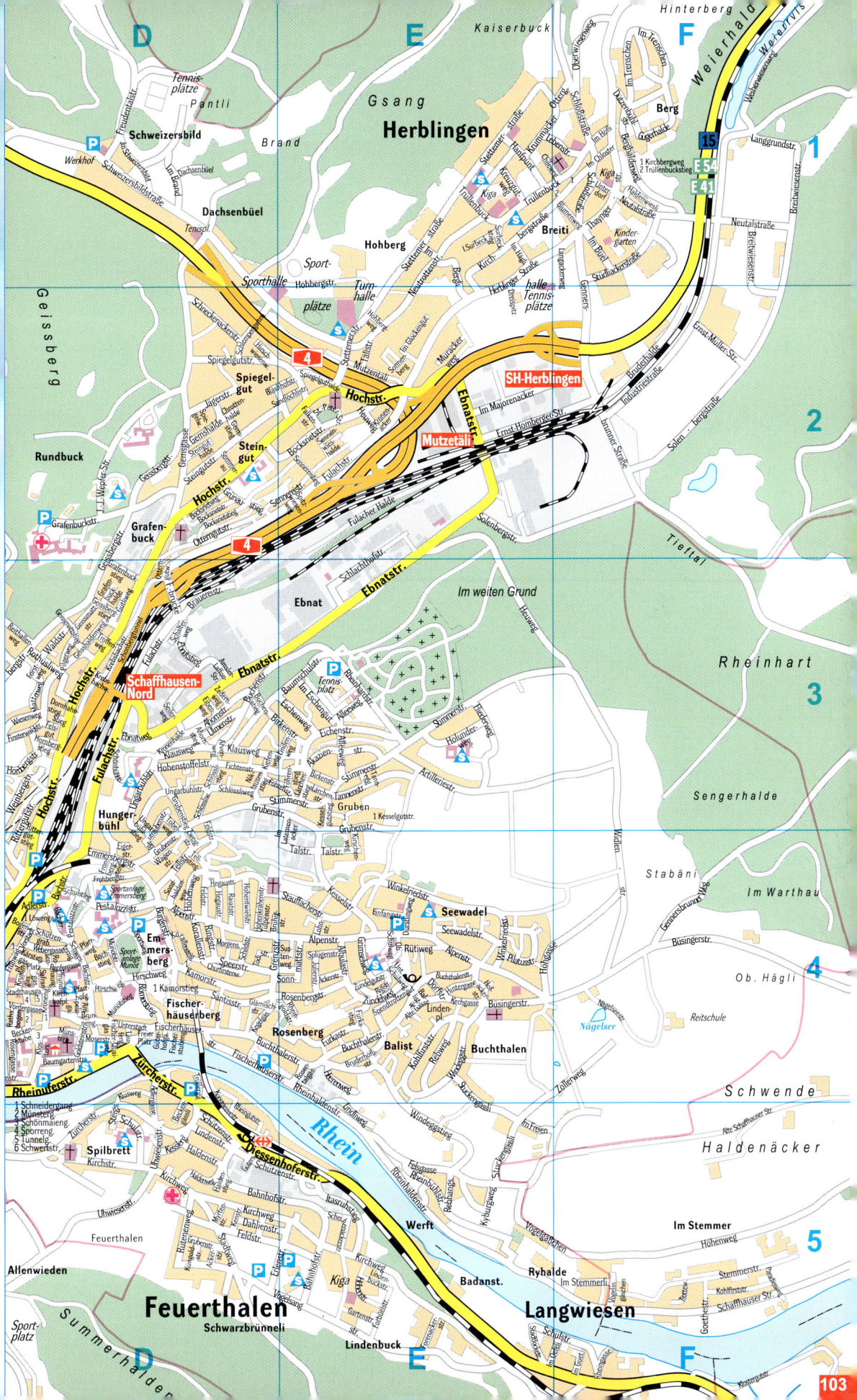

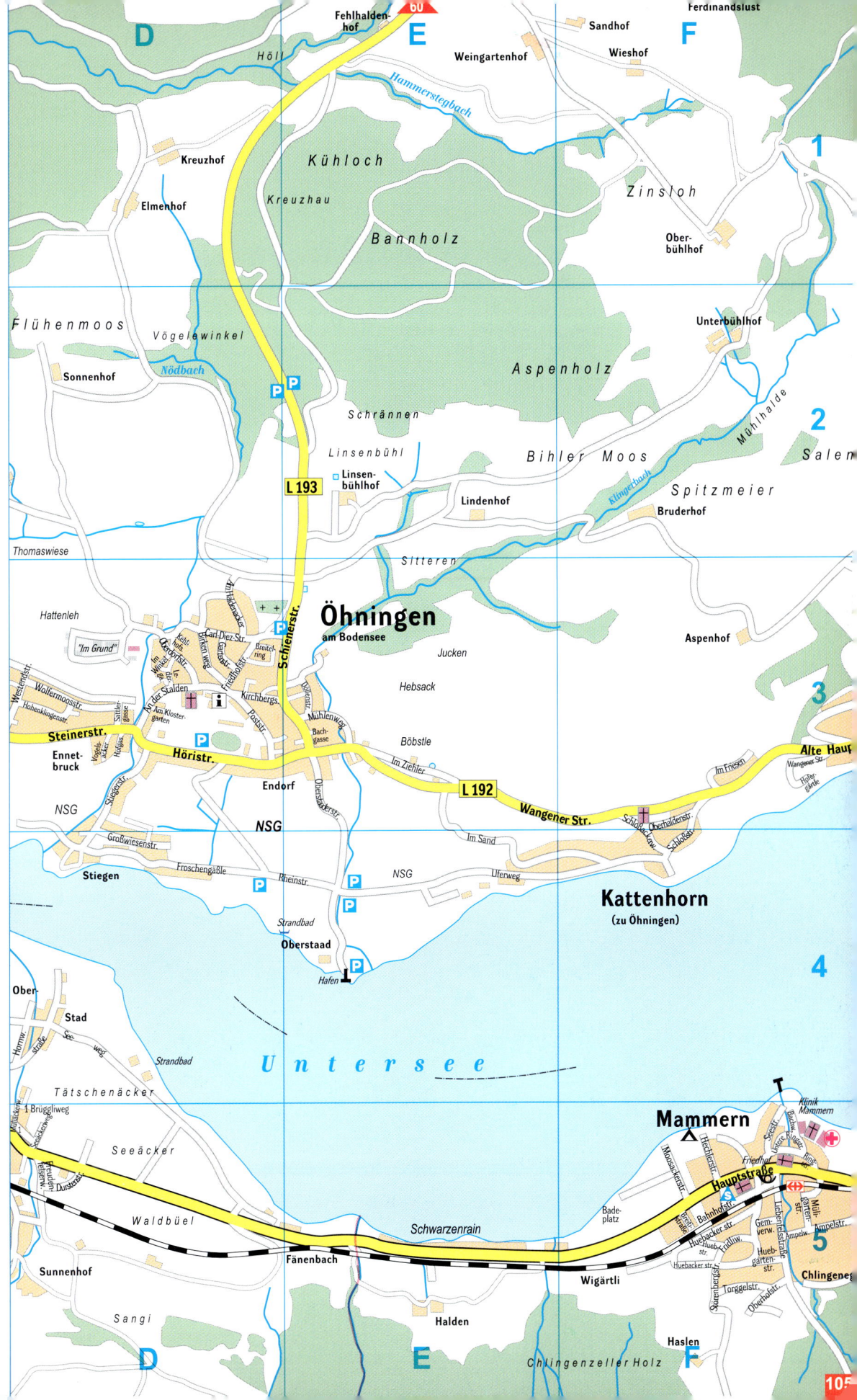

felsen

A Hohes Holz
Bitze
B Burghalden
Herrenweg
C
Hemmen-ried

Maßholder

Ebene
Hohhalde

1
Hohen-
olber
Rammental
Hasenweg
Hegibühl

Sängen
Bartel-
wiese
Sonnen-
hof

Oberer
Salenhof
Häge
Hartbühl

W.-Kaesbach-
Weg

Unterer
Salenhof
Hauptstr.

Ziegelhof
Marbach
Badeplatz

2
K 6156
Schloß
NSG

Salen
NSG

Blanhof
NSG

Streichen

Wangen
(zu Öhningen)
L 192
NSG
C.-Löhle Weg

3
Aspenw.
Oberdorfstr.
Am Himmel-
reich
Haldbühl
Haggarten

Schleuch-
zenweg

Am Rehberg
Im Neusatz
St. Bernhardsg.
Holzweg

Zur Halde
Zum Schienerberg
Im Bohl
Im Gai

Dillennest
Eifen-
bohl
Kirch
pl.
Pankra-
tiusw.

Alte Hauptstr.
Hauptstr.
Zur Lände
Seeweg
Strandbad

Schiffsanlegestelle

U n t e r s e e

Glarisegg

Spänacker
Schloß

4
Langhorn
Seehof
Brunnenwis

Rollirain
Schmellerhau

Neuburg
R. Neuenburg
Winter-
halden

Freienstein
Ibtobel
Junkerholz

Klinik
Mammern
Badepl.
Friedberg
Weier-
tobel

Müli-
Rösenberg
Freiegg

Ampelstr.
Heiligenberg
Ozenbol
Langacker
Lindenhof

5
Mammern
Höchi
Eichliacker
Hagenbuchstraße
Helemtshausen

hlingenegg
Chüerain
Rosenbergstraße

Chüerainbach
Seehalden
Gündelhart
(zu Homburg)

Ebnet
A
Eichli
B
Höchi
C

106

Arbon

1 Fischergasse
2 Freiheitsgasse
3 Walhallastr.
4 Botenweg
5 Schafligasse
6 Hingergasse
7 Schmiedgasse
8 Kapellgasse
9 Neugasse
10 Postgasse
11 Turmgasse
12 Metzgergasse
13 Mayrstr.
14 Rathausgasse
15 Schifflandestr.
16 Gallusgasse

Frasnacht
(zu Arbon)

Steinach

Schöntal
(zu Steinach)

Stachen

Bleichi

Scheidweg

Rorschach

D **E** **F**

1

2

3

Seeriet
Freibad
Seegarten

Bootshaus
Seeclub

Chogenau
Chogenaustraße
Langauweg

Steinackerstr.
Bleicheweg

Bleichi
Rietli

Oberbleicheweg
Bootshafen

Langmösertr.
Clubhaus
Segelclub

Rietberg

Seebach-rabenstr.
Rietbergstraße

Rietl
(zu Goldach)

Seestraße
Thurgauerstraße

Wasserspiele

1 Columbusstraße
2 Lincolnstraße
3 Gallusstraße
4 Florastraßchen
5 Bienenstraße

Freibad
Kornhaus
Kornstr.

Schifffahrts-amt
Hafen

Rorschach

Kleinboothafen
Strandbad

St.-Galler-
Straße

1 Kaplaneiweg
Seepark

Churerstraße
Wachsbleichestr.

Löwenstraße

Lindenstr.

1 Kreuzstr.
2 Wiesenstr.

Industriestraße

Pestalozzi-
straße

Feldmühlestr.

Signalstraße

Promenadenstraße

Burghal-
denstraße

Heidener Str.

Altenheim

Weiherstraße
Felsenstr.
Mühletobel

Friedberg-Straße
Langmoosstraße

Seeburg

Brunnerstr.

Quellenstr.

1 Grünaustr.

Klosterstraße

Wiesen-str.

Washington-straße

Franklin

Haldenstr.

Semmat

Schwarziweg

Thalerstr.
Steighaldenstr.

Sulzstraße

Hohrain

Chellen

Sulzberg

Rosengarten

Roseneck

Aula
Turnhalle

Mariaberg

Bustadel

Goldacher Straße

Sportplatz

Gemeindehaus

Hohriet

Chellenstraße
Sulzberg

Goldacher Straße

Stadeliweg
Rosenhalde

Anna-Schloß-Str.

Loch

Schönheim

Ebnet

Wannen-weier

Hüttenmoos

Hofstraße

Witenholzstraße

E 60

St.-Anna-Schloß-Straße

St. Annaschloß

Weid

Hobrüti

Witen-
wald
Wilten

Eschenwald

Frommen-

R o r s c h a c h e r b e r g

Kolprüti

D **E** **F**

5

113

Fischerhütten

R o h r

Flottern

Im Rohr

Heldern

S p e i c h e n w i e s e   Un. Lochsee

Ob. Lochsee

S t i l l e

Gaißauer Ried

Mahlerhof

Grosse Wiesen

Wiesenhof

Ofen

L e t t e n

R ü

Gaißau

V O R A R

Hauptstraße

Eselschwanz

Unterdorf

Höchst

Eselschwanzstrandw.

Foreflenweg

Dünnhorn

Gaißauer   Straße

Gärtnerweg

Sanddorf

Hauptstraße

Holderfeldstraße

Schlundstraße

Unterfeld

Ruderbach

Neben-
graben

Kirchenau

Hundesport
verein

Konsumstraße

Gaißauer

Straße

Höchst

Risiwald

Windeggstr.

Kirchenaustr.

Reitanlage

Sportplatz

Sport
plätze

Grenzstraße

Rheinauh.

Hauptstr.

Hof
Wiberg

Wind-
egg

7

13

Bächli

Wasen

Sportplatzweg

Hochrüti

Romenschwanden

Vor-
burg

Hauptstr.

Grenzstr.

Sägentobel

A

B

C

Mörenloch

116

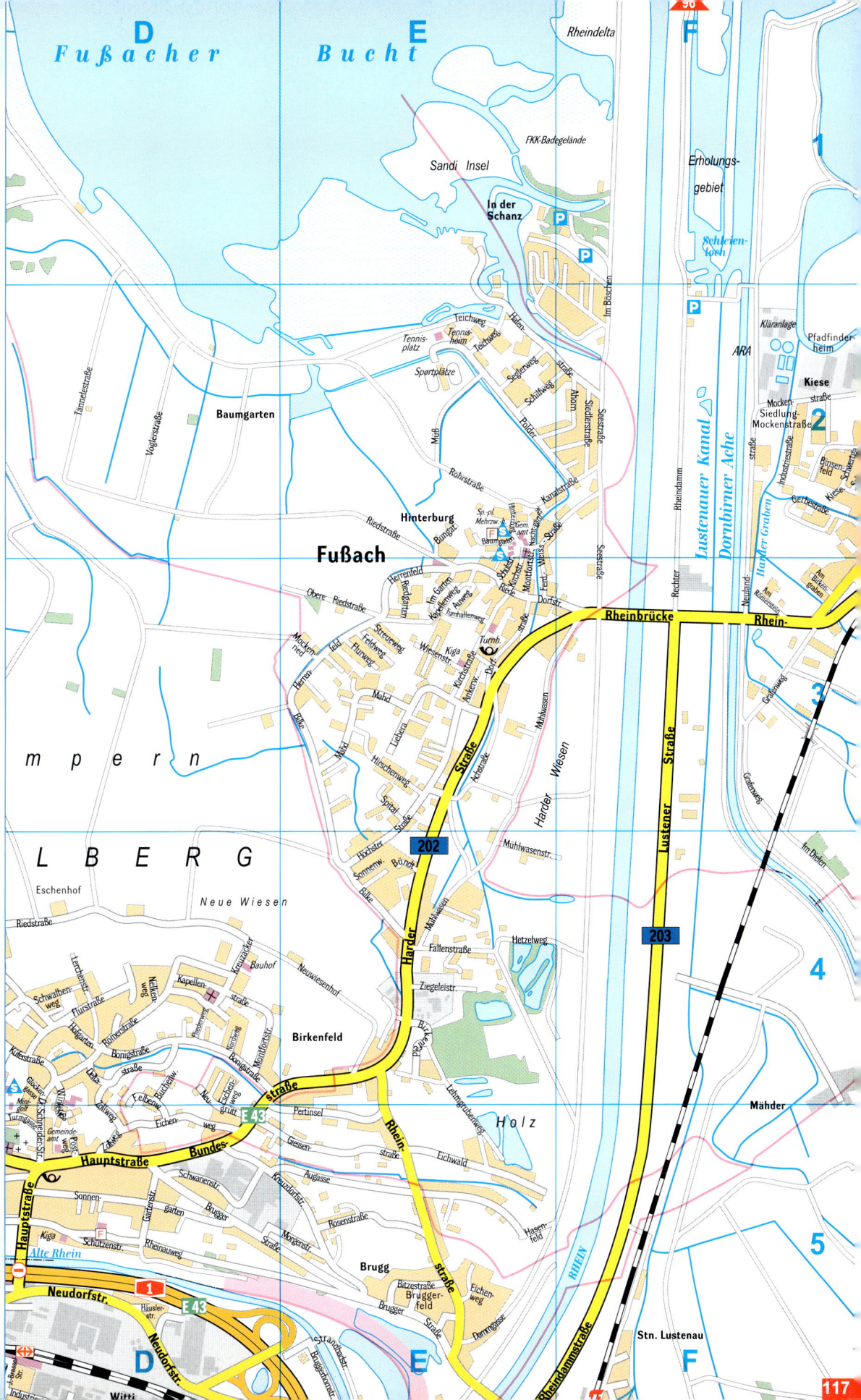

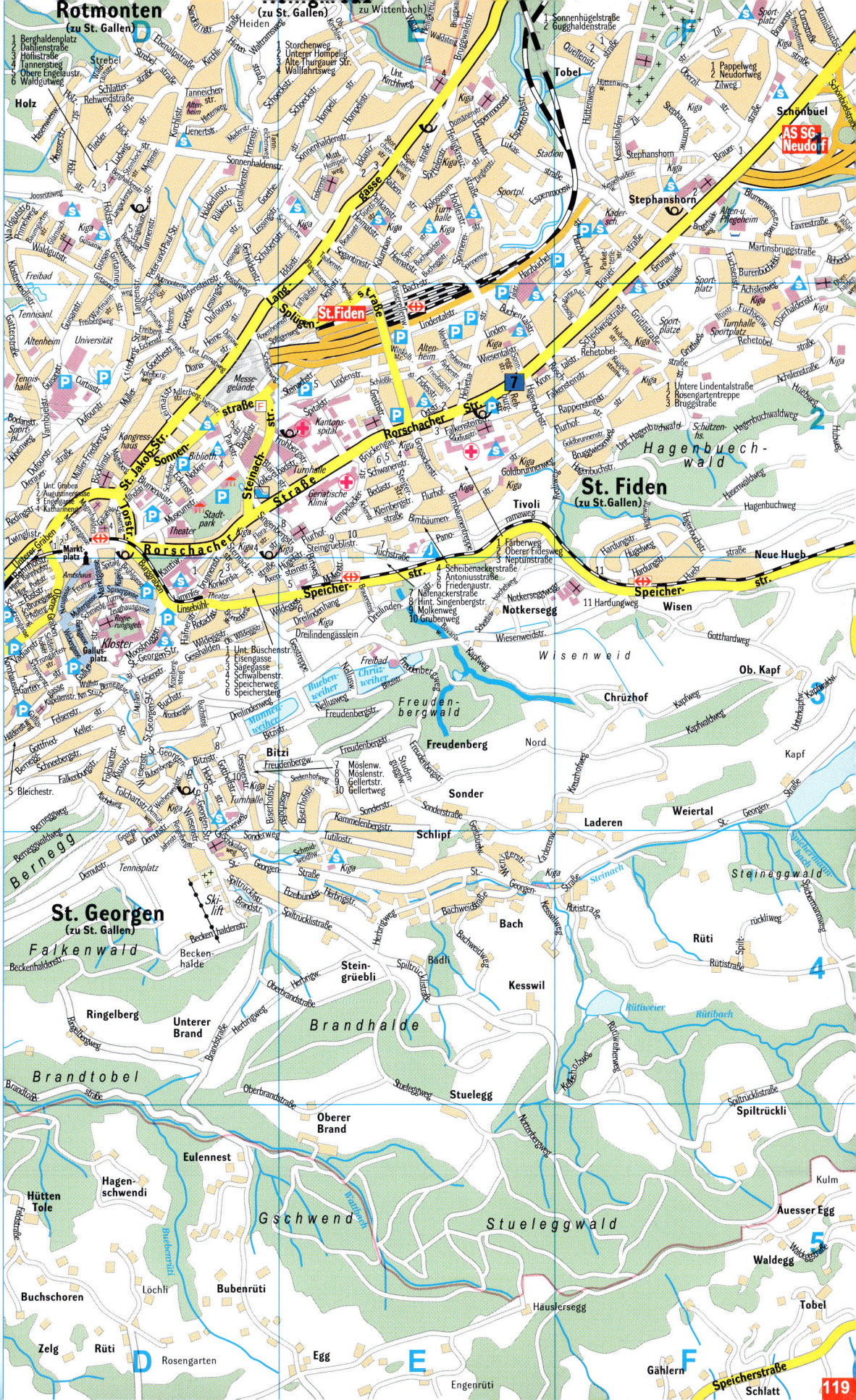

Zum Gebrauch

Beim Maßstab 1:20.000 entspricht 1 cm im Stadtatlas 200 m in der Natur

Die blau eingetragenen Planquadrate ermöglichen das Auffinden von Straßen und Plätzen. Von Norden (oben) nach Süden (unten) sind am Seitenrand blaue Zahlen 1 bis 5, von Westen (links) nach Osten (rechts) blaue Buchstaben A bis F angegeben. Die Straßennamen, die sich auch auf anderen Seiten befinden, sind im Register mit den Suchfeldangaben aller Seiten angegeben.

Beispiel :

Friedrichshafen : Rotachstraße 75 F3
Zuerst wird im Atlas die Seite 75 aufgeschlagen, dann horizontal der Buchstabe F und vertikal die Zahl 3 gesucht, um das Suchquadrat zu finden.

Alle Stadtpläne sind ständigen Veränderungen unterworfen und alle Angaben sind ohne Gewähr. Ergänzende Informationen, die uns helfen, die Stadtpläne auf dem neuesten Stand zu halten, werden dankbar ausgewertet.

Achberg, Allensbach, Altnau (CH), Arbon (CH)

Achberg

PLZ 88147

Achweg 92 B2
Am Hang 92 B1
Am Wiesenrain 92 C1
Erlenstraße 92 C1
Fliederstraße 92 C1
Gartenstraße 92 B1
Haldenweg 92 B2
Hochbuchweg 92 B1
Im Knebel 92 B1
Kapellenweg 92 C1
Kirchstraße 92 C1
Lindauer Straße 92 B1
Panoramastraße 92 B1-C1
Pfänderweg 92 B1
Säntisstraße 92 B1
Schulstraße 92 C1
Sonnenhalde 92 C1
Waldstraße 92 C1
Wangener Straße 92 C1

Allensbach

PLZ 78476

Ackerweg 45 F4
Adelheider Weg 46 C5
Alemannenstraße 45 F4
Aletweg 46 A5
Allensbacher Straße 46 A2-A3
Alpenblick 45 F4
Am Berg 46 A1
Am Bühl 46 A5
Am Hochfirst 46 C5
Am Kappelhof 45 E4
Am Mühlbach 46 A4
Am Rain 45 F4
Am Röhrenberg 46 A5
Am Weiher 46 A1
Bachgasse 45 F5 - 46 A5
Blissenweg 30 C4
Brüderschaftsweg 31 D1
Brunnengasse 45 F4-F5
Dettinger Straße 30 C4
Dorfplatz 30 C4
Elbingweg 45 E4
Elisabeth-Mühlenweg-Straße 46 A5
Engelbert-Weltin-Weg 45 F4
Erlenweg 46 A4
Fischerweg 31 D1
Freudentaler Straße 46 A2
Gallus-Zembroth-Straße 46 A5
Gartenstraße 31 D1
Hafnerstraße 45 F4-F5
Hegauweg 45 E4
Hegner Straße 45 F4 - 46 A4
Hegner Weg 46 A5
Himmelreichweg 45 F5 - 46 A5
Hinnengasse 45 F5
Hirschweg 46 B5-C5
Hochstraße 46 A5
Höhrenbergstraße 45 F4
Holzgasse 45 F4
Höriweg 45 E4
Im Bildösch 46 B5-C5
Im Breitenweingarten 31 D1
Im Bündt 46 A3
Im Espen 45 F5
Im Garten 46 A1

Im Günzinger 45 F4
Im Herlingen 46 A2-A3
Im Rebgarten 45 F4
Im Reihetal 45 F4
Im Tal 46 B5
Im Tobel 30 C4
Im Vogelsang 45 F4
Im Weinberg 45 F4
Im Winkel 46 C5
Jahnweg 46 A5
Kaltbrunner Straße 45 F4 - 46 A4
Kapellenplatz 45 F4
Kapplerbergstraße 45 E4-F4
Kargegg 30 C4 - 31 D4
Kilian-Weber-Straße 45 F4
Kirchgasse 45 F4
Konradistraße 46 C5
Konstanzer Straße 45 F5 - 46 A5
Kornblumenweg 45 F2 - 46 A2
Lände 45 F5
Langenrainer Straße 30 C4 - 46 A1
Liggeringer Straße 30 B4 - 31 D5
Lindenweg 45 F3 - 46 A3
Lohorn 45 D4
Markelfinger Straße 45 F2 - 46 A2
Markus-Ruf-Straße 45 F4
Mettnaublick 45 E4
Mühlengasse 46 A4
Nägelriedstraße 45 E4
Oberdorfstraße 30 C4
Öhmdwiesenweg 46 A3
Otto-Marquard-Straße 46 A5
Professor-Schmieder-Straße 46 A4-A5
Radolfzeller Straße 45 E4-F4
Rathausplatz 45 F5
Reichenaublick 45 F4
Richard-Dilger-Straße 46 A5
Röhrenberg 46 A4
Sankt-Anna-Gasse 45 F4
Sankt-Katharinen-Weg 45 F4
Scheffelstraße 45 F4
Schlappengasse 45 F4
Schloßbergstraße 46 C5
Schloßstraße 46 A1
Schmittengasse 45 F4
Schulstraße 45 F4
Seeweg 45 E4-F4
Sonnenhöhe 45 E4-F4
Steig 45 F4-F5
Stöckenhofstraße 46 A1
Strandweg 45 F4 - 46 A5
Thurgauweg 46 A5
Unterhausgasse 45 E4
Wiesenstraße 46 A5
Zum Eichenrain 46 A4-A5
Zum Einfang 46 A1
Zum Hof Höfen 46 B4
Zum Mindelsee 30 A5-C4
Zum Riesenberg 45 F4 - 46 A4
Zum Schwarzenberg 46 C5
Zum Tafelholz 46 A5
Zum Vogelherd 30 C4
Zum Walzenberg 45 F4
Zur Breite 45 F3 - 46 A3
Zur Halde 46 C5
Zur Setze 46 C5

Altnau (CH)

PLZ 8595

Bahnhofstraße 108 A5-B4

Beerliseggstraße 108 B4-B5
Bild 108 B4
Bremenstraße 108 B4
Bündtstraße 108 A5
Chappeli 108 B4
Chappeliweg 108 B4
Freiheitstraße 108 B4
Gerberstraße 108 B5
Geusenstraße 108 B5
Gumpisloch 108 B4
Güttinger Straße 108 A5-B5
Hafenstraße 108 A2
Landstraße 108 B4-B5
Längimoosstraße 108 B5
Laubbachstraße 108 A5
Mossgrabenstraße 108 B5
Rank 108 B4
Rebstock 108 A5
Rigishusstraße 108 A5
Rindhofstraße 108 C5
Ruderbaum 108 B4
Schmiedgasse 108 B4
Schochenwinkel 108 A5
Seeblickstraße 108 B4
Seewiesenweg 108 B4
Seezelgstraße 108 B5
Unterdorfstraße 108 B5
Unterhof 108 B5
Weiert 108 A5
Wigartenstraße 108 B5
Wuhrwiesenstraße 108 A5-B5
Zelgli 108 B5

Arbon (CH)

PLZ 9320

Aachstraße 111 E5
Adolph-Saurer-Quai 111 F4
Ahornstraße 111 D3
Alemannenstraße 111 F4
Alpenblickstraße 111 E5
Alpenblickweg 111 E5
Alpenstraße 111 E4
Alpsteinstraße 111 E4
Alte Poststraße 111 D2
Alte Roggwiler Straße 111 D5
Amriswiler Straße 111 D3
Amselweg 111 E4
Bachweg 111 D4
Badgasse 111 F4
Bahnhofstraße 111 F4 - 112 A1
Berglihaldenstraße 111 E4
Berglistraße 111 E4-F4
Bildstockstraße 111 E4
Birkenstraße 111 E5
Blumenhaldenstraße 111 E4
Blumenstraße 111 E4
Bodmerallee 111 E4
Botenweg 111 F4
Brauerstraße 111 F4
Brühlhaldenstraße 111 F4
Brühlstraße 111 D5-F4
Brunnenwiesen 111 D3
Buchborn 111 D2-E3
Buchenweg 111 D2
Carl-Spitteler-Weg 111 E4
Chaletstraße 111 F4
Drosselweg 111 E4
Egnacher Straße 111 D2-D3
Eichenstraße 111 E4
Erlenstraße 111 E4

Eschenweg 111 D4
Fallentürliweg 111 E4
Feilenstraße 111 E4
Feldstraße 111 D3
Fellenweg 111 D5
Fetzislohrstraße 111 D2
Finkenweg 111 E4
Fischergasse 111 F3
Fliederweg 111 E4
Flurstraße 111 E4
Föhrenstraße 111 E4
Frauenbadstraße 111 D2
Freiheitsgasse 111 F4
Friedenstraße 111 F4
Frohmattstraße 111 E3
Frohsinnstraße 111 D5
Gäbrisstraße 111 E4
Gahligweg 111 E3
Gallusgasse 111 F4
Gartenstraße 111 E4
Gerbergasse 111 F4
Gottfried-Keller-Straße 111 E4
Gotthelfstraße 111 E5
Grabenstraße 111 E4
Grünaustraße 111 E4
Grüntalstraße 111 E5
Hadlaubweg 111 E3
Hafenstraße 111 F4
Haltenstraße 111 D4
Haselweg 111 D5
Hasenwinkel 111 D3
Hauptstraße 111 F4
Heimatstraße 111 E4
Heimstraße 111 E4
Henri-Dunant-Straße 111 E4
Hermann-Greulich-Straße 111 E4
Hilternstraße 111 E5-F5
Hingergasse 111 F4
Hochkreuzstraße 111 E4
Hochkreuzweg 111 E4
Hofstraße 111 E4
Höhenstraße 111 E3
Holunderweg 111 D5
Im Arbonerfeld 111 E4
Im Garten 111 D2
Im Hägli 111 D3
Im Leh 111 D5
Imbersbachweg 111 D3
Industriestraße 111 E3
Jägerstraße 111 E4
Kapellgasse 111 F4
Kirchenweg 111 F4
Klarastraße 111 F4
Kleine Zelg 111 E3
Kornfeldstraße 111 E5
Kratzern 111 D2
Kronbergstraße 111 E4
Kupferwiesenstraße 111 E5
Landquartstraße 111 E5-F4
Lärchenstraße 111 E4
Lavendelweg 111 E4
Lehgasse 111 D4
Lindenhalde 111 F4
Mayrstraße 111 D2
Metropolstraße 111 E4
Metzgergasse 111 F4
Mühlebachstraße 111 E5
Mühlebachweg 111 E5
Mühlestraße 111 E4
Nelkenstraße 111 E4-F4
Neugasse 111 F4
Niederfeld 111 D5

Nordstraße 111 E4
Obstgartenstraße 111 E5
Olivenstraße 111 E5
Parkstraße 111 F4
Pestalozzistraße 111 E4
Philosophenweg 111 E3
Postgasse 111 F4
Promenadenstraße 111 F4
Rathausgasse 111 F4
Rebenstraße 111 E4-F4
Rebhaldenstraße 111 F4
Rehweg 111 E3
Rietstraße 111 F5
Romanshorner Straße 111 E3-F4
Römerstraße 111 E4
Rosenstraße 111 E4
Rotbuchenstraße 111 D3
Rütistraße 111 E3
Salwiesenstraße 111 E5
Sankt-Galler-Straße 111 D5-F4
Säntisstraße 111 E4
Schäfligasse 111 F4
Scheibenstraße 111 E4
Schiffländestraße 111 F4
Schmiedgasse 111 F4
Schulstraße 111 D2
Schulweg 111 D4-D5
Schützenstraße 111 E4
Seeblickstraße 111 E3
Seefeldstraße 111 F4
Seemoosholzstraße 111 E3
Seemoosstraße 111 E3
Seerietsstraße 111 E4
Seestraße 111 E3
Seeweg 111 D2-E3
Seilerstraße 111 E4
Sonnenhügelstraße 111 E4
Sonnmattstraße 111 E4
Spechtstraße 111 E4
Speiserslehn 111 D5
Stachenweg 111 D5
Stacherholzstraße 111 E5
Standstraße 111 E5
Stauffacherstraße 111 E5
Stelzenäcker 111 D3
Stickereistraße 111 F5 - 112 A2
Strandbadstraße 111 E3
Tanneggstraße 111 E4
Tellstraße 111 E5
Tennisstraße 111 E4
Textilstraße 111 F7 - 112 A3
Thanweg 111 D5
Thomas-Bornhauser-Straße 111 E4
Thurgauerstraße 111 D5
Turmgasse 111 F4
Turnhallenstraße 111 F4
Waagstraße 111 F4
Waldeggstraße 111 E4
Walhallastraße 111 F4
Wassergasse 111 F3
Weiherstraße 111 E4
Weiherweg 111 E4
Weinbergstraße 111 E4
Weingartenstraße 111 E4
Weitegasse 111 F4
Weststraße 111 E4
Wiesentalstraße 111 E4-E5
Winkelriedstraße 111 E5
Wohnstraße 111 D2
Wuhrweg 111 D5-E5
Zelgstraße 111 F4

Baienfurt

PLZ 88255

Achstraße 23 E2-F2
Adlergasse 23 E2
Ahornstraße 23 E2
Allmandstraße 23 E2
Altdorfstraße 23 E2
Alte Poststraße 23 E1-E2
Am Bahnhof 22 C2
Am Föhrenried 22 C1-C2
Am Sägewerk 22 C2
Am Weiher 23 F2
Amselweg 23 D2
Annabergstraße 23 F1
Bahnhofstraße 23 E2
Baindter Straße 23 E2-F1
Bergatreuter Straße 23 F2
Bergstraße 23 E3
Binninger Weg 22 C2
Birkenstraße 23 E2
Borsigweg 22 C2
Breite Straße 23 E2

Briacher Straße 23 E2
Briachhalde 23 F2
Bucherweg 22 C2
Drosselweg 22 C2 - 23 D2
Drosteweg 23 E1
Eggbachweg 23 F2
Eichendorffweg 23 E1
Eisenbahnstraße 22 C1-C2
Fabrikstraße 23 F2
Falkenstraße 23 D2
Fasanenstraße 23 D2
Finkenweg 23 D2
Friedhofstraße 23 F2
Gartenstraße 23 E2
Goethestraße 23 E2
Grünlandweg 23 E2
Gutenbergstraße 23 F1-F2
Haldenweg 23 F2
Heinrich-Heine-Straße 23 E1
Hermann-Hesse-Weg 23 E1
Höhenweg 23 F2
Hölderlinstraße 23 E1
Inselstraße 23 E2
Jahnstraße 23 E2
Kardelstraße 23 E2
Karlstraße 23 F2
Kickachstraße 23 E2-F2
Kirchstraße 23 E2
Lärchenweg 23 E2
Leggenweg 23 F2
Lessingstraße 23 E1
Lindenstraße 23 F2
Löwenstraße 23 E2
Marktplatz 23 E2
Meisenweg 23 D2
Mochenwanger Straße 23 D2
Mörikestraße 23 E1
Möwenweg 23 D2
Mozartstraße 23 E1-E2
Mühlgasse 23 E2
Nelkenstraße 23 E2
Neubriach 23 E3
Niederbieger Straße 23 E2
Nordtangente 23 E1-F1
Ölbachstraße 23 F2
Öschweg 23 E2
Otto-Berthold-Straße 23 E2
Panoramastraße 23 E3
Pappelweg 23 E2
Privatstraße 23 F1-F2
Rilkeweg 23 E1
Römerstraße 23 E2
Rosenstraße 23 E2
Sankt-Ulrich-Straße 23 E2
Schacher Straße 23 E2
Schillerstraße 23 F2
Schmiduzweg 23 F2
Schussentalstraße 22 C2 - 23 D2
Siemensstraße 23 F2
Sommerhalde 23 E2
Starenweg 22 C2
Storchenstraße 23 D2
Uhlandstraße 23 E2
Ulmenweg 23 E2
Waldseer Straße 23 E1-E2
Weidenstraße 23 D2
Weingartener Straße 23 E2
Wilhelmstraße 23 E2
Zeppelinstraße 23 E2-F2
Zuppingerweg 23 F2

Baindt

PLZ 88255

Am Föhrenried 23 D1
Amselstraße 23 F1
Annabergstraße 23 F1
Baienfurter Straße 23 E1
Birkenstraße 23 F1
Buchenstraße 23 F1
Eichenstraße 23 F1
Erlenstraße 23 F1
Gartenstraße 23 F1
Innere Breite 23 F1
Kiesgrubenstraße 23 F1
Küferstraße 23 F1
Lerchenstraße 23 F1
Mehlisstraße 23 D1
Schachener Straße 23 D1
Sonnenstraße 23 F1
Wickenhauser Straße 23 D1
Ziegeleistraße 23 F1
Ziegelhalde 23 F1

Berg

PLZ 88276

Altdorfer Straße 22 B3
Am Tobelbach 22 B4
Angerweg 22 B3
Anselm-Rittler-Weg 22 B3
Aspachstraße 22 A2
Bachstraße 22 A1
Beethovenstraße 22 B4
Bergstraße 22 A3-A4
Brühlstraße 22 A1
Brunnenplatz 22 B4
Buchenlandstraße 22 B3
Diepoltshofener Straße 22 A3-B2
Donauschwabenstraße 22 B3
Dorfplatz 22 A1
Eberhardstraße 22 A3
Eckweg 22 A1
Ettishofener Straße 22 A1-A2
Gartenstraße 22 A3
Glückweg 22 B4
Großtobeler Straße 22 A4
Hauptstraße 22 B2
Haydnstraße 22 B4
Höhenstraße 22 A4
Hoher Rain 22 A1
Im Schorren 22 A5
In der Obstwiesen 22 A2
Inntobeler Straße 22 A3
Jahnstraße 22 B2
Kanzachstraße 22 B2-B3
Kirchweg 22 A2-A3
Kleintobeler Straße 22 B4-B5
Konradstraße 22 A4-B4
Kreutzerweg 22 B4
Lilienstraße 22 A1
Mahlerweg 22 B4
Maierhofer Halde 22 A3-A4
Martinstraße 22 A5
Max-Reger-Straße 22 A4-B4
Moosweg 22 A1,B4
Mozartstraße 22 B4
Mühlweg 22 A1
Nelkenweg 22 A2
Oberstaiger Weg 22 A1
Öschweg 22 A3
Panoramastraße 22 A3-B4
Papenweg 22 B4
Parkstraße 22 A3
Ravensburger Straße 22 B4
Rebösch 22 A5
Richard-Strauß-Straße 22 A4-B4
Riedstraße 22 A1
Rosenweg 22 A1
Sandhalde 22 A1
Schumannweg 22 A4
Siebenbürgener Straße 22 B3-B4
Siegelweg 22 A4-A5
Silcherweg 22 B4
Staudenstraße 22 A2-B2
Steigäckerstraße 22 A4
Tobelstraße 22 A5
Tulpenweg 22 A2
Ulrichstraße 22 B3
Veilchenweg 22 A2
Verdistraße 22 B4
Wehrstraße 22 B3
Weiler Halde 22 A1
Welfenstraße 22 B3
Wiesenstraße 22 B4
Wilhelm-Gindele-Straße 22 A3
Ziegelwiese 22 B3

Beringen (CH)

PLZ 8222

Allerriethalde 102 A4
Allerrietsstieg 102 A4
Allerrietstraße 102 A4
Bahnweg 102 A4
Benzeweg 102 A4
Bömmliacker 102 A4
Engeackerweg 102 A5
Engehofweg 102 A4
Engeweg 102 A4
Hardauweg 102 A5
Hardfluhweg 102 A5
Hardweg 102 A4
Hülstewise 102 A4
Neugrüthalde 102 A4
Schaffhauserstraße 102 A4
Sonnenblickweg 102 A4
Sonnhalde 102 A4

Steinacker 102 A4
Trasadingerstraße 102 A4
Unter Spitzfluhweg 102 A5

Berlingen (CH)

PLZ 8267

Ackergasse 63 E4
Bächli 63 E4
Bachstraße 63 D4
Bahnhofstraße 63 D4
Bergstraße 63 D4-D5
Eschlibachstraße 63 E4
Haldenstraße 63 D4
Haldenweg 63 D4
Harzenmoosstraße 63 D5
Herbigstraße 63 E4
Langgasse 63 D4
Neugasse 63 D4
Oberdorfstraße 63 D4
Obermoosstraße 63 E4
Schulhausstraße 63 D4
Schützenhausstraße 63 D5
Wieslistraße 63 D4

Bermatingen

PLZ 88697

Ahausener Straße 52 B3
Am Käpele 52 A3
Am Leopoldsberg 52 C3
Am Nahehard 52 C3
Am Nahenberg 52 A3
Am Pappelweg 52 C2
Am Schlehenhang 52 B2
Am Sportplatz 52 B3
Am Weinberg 52 C3
Ato-Straße 52 C3
Auenstraße 52 A2-A3
Autenweiler Straße 52 C2 - 53 D3
Bahnhofstraße 52 B3
Bergstraße 52 A3
Blütenweg 52 B2
Buchbergstraße 52 C3
Felchenweg 52 A3
Forellenweg 52 A3
Fronwiesenweg 52 A4
Gartenstraße 52 B3
Gehrenbergstraße 52 A3
Goethestraße 52 B3
Guldenbergstraße 52 C3
Hardgasse 52 C3
Hebelstraße 52 B3
Heidbühlstraße 52 C2
Heiligenbergstraße 51 F3 - 52 A3
Hofackerstraße 51 F3
Hubhalden 52 C2
Hungerberg 52 C2
Im Bibelösle 51 F4
Im Bild 52 C3
Ittendorfer Straße 52 A4
Jacobusstraße 52 A3
Jägerstraße 52 C3
Jahnstraße 52 B3
Kapellenweg 52 A3
Kellhofstraße 52 B3
Kesselbachstraße 52 B2
Kirchweg 52 B3
Markdorfer Straße 52 C3
Markgrafenstraße 52 C3
Meersburger Straße 51 F4 - 52 A4
Mühlbachstraße 52 A3
Mühlenweg 51 F3 - 52 A3
Muschelweg 52 A4
Oberer Höhenweg 52 C2
Rathausplatz 52 C3
Ringstraße 52 C3
Röthenbachstraße 52 B4-C4
Salemer Straße 52 B2-B3
Sandäckerweg 52 B3
Schillerstraße 52 B3
Schulstraße 52 B3
Sonnhalde 52 C3
Turmgasse 52 C3
Uhlandstraße 52 B3
Unterer Auenweg 52 A3
Unterer Höhenweg 52 C2
Weiherstraße 52 B2-C3
Weißdornweg 52 B3
Ziegeleistraße 52 B2-B3

Bodman-Ludwigshafen

PLZ 78351

Am Blütenhang 14 B3
Am Guggenbühl 14 A3
Am Hohlenweg 14 B3
Am Königsweingarten 13 F5
Am Schilt 14 B3
Am Torkel 13 F5
Bahnhofstraße 14 A3
Bergstraße 14 B3
Berliner Straße 14 A3
Blütenweg 14 B3
Bodanrückstraße 13 E5
Breite 13 E5
Bühlstraße 14 A3
Burgstraße 13 F5
Danziger Straße 14 A3
Eggerstraße 14 B3
Friedhofstraße 13 E5
Fuchsweg 14 A3
Gartenstraße 14 A3
Gäßleweg 14 A3
Gießstraße 14 B3
Hafenstraße 14 A4
Haldenhofstraße 14 B3
Hauptstraße 14 B3
Hegaustraße 14 B3
Holderweg 14 A2
Im Briel 14 B3
Im Gänseried 13 E5-F5
Im Gries 30 A1
Im Gröblen 14 A3
Im Weiler 13 E5
Im Weilergarten 13 F5
In der Stelle 30 A1
In Neustückern 13 E5
Jahnweg 14 A3
Johannes-Huglin-Weg 14 A3
Kaiserpfalzstraße 13 E5 - 30 A1
Kornblumenweg 14 B3
Kronbühlstraße 14 A3
Küfergasse 14 B3
Küschenweg 14 B3
Mövenstraße 14 A3
Mühlbachstraße 14 A3
Oberhof 14 A3
Parkstraße 14 A4
Poststraße 14 B3
Radolfzeller Straße 14 A3
Rathausstraße 14 A3
Rosenweg 14 A3
Salzbachäcker 14 B3
Sankt-Othmar-Straße 14 B3
Schifferstraße 14 A3
Schlössleweg 14 B3
Schloßstraße 29 F1
Schorenstraße 14 B3
Schwanenweg 14 B3
Seehalde 14 B3
Seestraße 13 F5
Sernatingenstraße 14 A3
Sommerhalde 14 A3
Stockacher Straße 14 A3
Talstraße 14 A3
Überlinger Straße 14 B3
Uferpromenade 14 A3
Untere Kapellenäcker 13 E5
Untere Schloßhalde 13 E5-F5
Warthstraße 14 A3
Wiesenstraße 14 A3
Zum Bettental 14 B3
Zum Stettelberg 14 B3

Bodolz

PLZ 88131

Am Bichele 93 E1
Am Regeltier 93 E1
Am Riedersbach 91 E5
Am Stäuben 93 F1
Austraße 93 E1
Bettnau 91 D5
Bettnauer Straße 91 E5
Blütenweg 91 E5
Bruggach 91 E4
Dorfstraße 93 E1
Ebnetweg 93 E2
Flurstraße 93 E1
Gartenstraße 93 F1
Giebelmoos 93 F1
Grundstraße 91 E5

Herrengartenstraße 91 E5
Herrmannsberg 91 E5
Hochsträß 91 D5
Hoyerbergwegstraße 93 F1
Im Herrenhof 91 D5
Im Höfle 93 F1
Im Hopfengarten 93 F1
Im Moos 93 E1
Im Obstgarten 91 E5
Johannesweg 93 E2
Kirchstraße 93 E1
Lindauer Straße 93 E1
Mittenbuch 93 E1
Obere Flurstraße 93 E1
Oberer Stäuben 93 F1
Prielweg 93 F1
Rathausstraße 91 E5
Rebweg 93 F1
Rohrstraße 93 E1
Sennereisstraße 91 E5
Taubenberg 91 E4
Torkelweg 93 F1
Untere Steigstraße 93 F1
Weiherweg 91 D5

Bottighofen (CH)

PLZ 8598

Bromstraße 108 A1
Brunnenstraße 69 E5 , 108 A1
Gemeindeweg 108 A2
Gottfried-Keller-Straße 108 A1
Hauptstraße 108 A1
Hinterdorfstraße 108 A2
Höhgasse 108 A1
Im Löchli 69 E5 , 108 A1
Klein Rigi 108 A2
Klosterhofstraße 108 A2
Maienbohlstraße 108 A1
Mittlere Dorfstraße 69 E5 , 108 A1
Mittlere Mühlestraße 108 A1
Moosfeldstraße 108 A1
Mooswiesenstraße 108 A1
Müligässli 69 F5 , 108 A1
Oberdorfstraße 108 A1
Obere Mühlstraße 108 A2
Obstgarten 108 A1
Pfaffenwiesstraße 108 A1
Pünt 108 A1
Rigistraße 108 A1
Rütistraße 108 A1
Scherzingerstraße 108 A1
Schlösslipark 69 F5
Schulstraße 69 E5 , 108 A1
Seestraße 69 E5
Seeweg 69 E5 , 108 A1
Sonnenrain 108 A2
Wigärtlistraße 108 A1

Böttingen

PLZ 78583

Hauptstraße 69 E5-F5

Bregenz (A)

PLZ 6900

Achgasse 96 C4
Achsiedlungsstraße 96 B3-C4
Achweg 96 B3 - 97 D5
Albert-Loacker-Straße 97 E5
Altreuteweg 97 F3
Am Bächle 97 D3
Am Brand 97 F3
Am Stein 97 D4
Am Steinenbach 97 F3
Ammianusstraße 96 C4 - 97 D4
Amtsstorstraße 97 F3
An der Heufurt 96 C5 - 97 D5
Ankergasse 97 D3
Anton-Renz-Weg 96 C4 - 97 D5
Anton-Schneider-Straße 97 E3-F3
Anton-Walser-Gasse 97 E4
Apothekergässele 97 E3
Arlbergstraße 97 D3-D5
Aschenweg 96 B3-C4
Auf der Matte 97 D3
Auf der Reute 97 F2-F3
Augasse 97 E3
August-Grube-Weg 97 D4
Aureliastraße 97 E4
Babenwohlweg 97 E4
Bachgasse 97 D3

Badgässele 97 E3
Bahnhofstraße 97 E3
Barbenweg 96 C4
Beerenwiesweg 97 D5
Beergasse 97 D3
Belruptstraße 97 F2-F3
Berg-Isel-Weg 97 F3
Bergmannstraße 97 E3-F3
Bergstraße 97 F3
Berthastraße 96 C4
Bezeggstraße 97 E4
Blodigweg 97 F3
Blumenstraße 97 E3
Bochstraße 97 D5
Bodangasse 97 D3
Bogenstraße 97 E5
Brachsenweg 96 C3-C4
Brandgasse 97 F3
Bregenzer Weg 97 E5
Brielgasse 97 D4
Broßwaldengasse 97 D3
Carl-Pedenz-Straße 97 E4
Claudiusweg 97 E4
Clemens-Holzmeister-Gasse 97 D4
Cosmus-Jenny-Straße 97 E4
Dammstraße 96 C5
Deuringstraße 97 E3
Diedogasse 97 D3
Dorf-Rieden 97 D4
Druckergasse 97 D3
Drususgasse 97 E3-E4
Ebnergasse 97 E3
Ehregutaplatz 97 E3
Eichenhainstraße 97 E4
Eichholzstraße 97 F3
Eponastraße 97 F3
Eragasse 97 D4
Faustin-Ens-Straße 97 D4
Felchengasse 96 C3
Felchenstraße 96 C3
Felder-Straße 97 F2
Feldmoosgasse 97 E4
Feldweg 97 D4
Firststraße 97 E4
Fischergasse 97 D3
Fluher Straße 97 E4-F4
Forellenweg 96 C3
Forumgasse 97 E4
Franz-Josef-Weizenegger-Weg 97 F2
Friedhofgasse 97 D4
Friedrich-Schindler-Straße 97 E4
Fritz-Krcal-Straße 97 E3
Fritz-Mayer-Platz 97 E3
Fritzstraße 97 D3
Froschauerstraße 97 D4
Funkenbühel 97 D4
Gablerstraße 97 E4
Gallusstraße 97 E3-E4
Gebhardsbergstraße 97 F4
Gebhard-Weiß-Gasse 97 E3
Georgenschildstraße 97 F3
Gerberstraße 97 E3
Geserstraße 97 D3
Gilmgasse 97 D4
Gletscherstraße 97 E4
Glockengieße 97 E4
Gotengasse 97 D4
Graf-Wilhelm-Straße 97 F3
Grundreuteweg 97 F3
Gulbransonweg 97 E4
Hadrianweg 97 E4
Hagenstraße 97 E3
Haldenweg 97 D4-D5
Hauengasse 96 C4 - 97 D4
Hechtweg 96 C3
Heldendankstraße 97 D3-D4
Herbert-Reyl-Gasse 97 E3
Hinterfeldgasse 97 D4
Hofsteigstraße 97 F5
Holzackerstraße 96 C4
Holzgasse 97 D3
Hugo-Luncardon-Weg 97 E3
Ilgagasse 97 D3
Im Birkenfeld 97 D5
Im Breitenacker 97 D4
Im Dorf 97 E4
Im Mösle 97 D4
Im Rebgärtle 97 F3
Im Roßhimmel 97 E4
Im Vesenhag 96 C4
Im Wida 97 E5
Im Wingat 97 D5
In der Braike 97 D3
In der Holzbündt 97 D4
Inselstraße 97 E3
Jahnstraße 97 E3

Jodok-Fink-Straße 97 E4
Johann-Jörg-Weg 97 D4
Josef-Huter-Straße 97 E4
Josef-Schmid-Straße 97 D4
Kaiser-Josef-Straße 97 E3
Kaisermannstraße 97 D5
Kaiserstraße 97 E3
Känzeleweg 97 F5
Kapuzinergasse 97 E3
Kaspar-Schoch-Straße 97 E4
Kassian-Haid-Gasse 96 C4 - 97 D4
Kehlerstraße 96 C4
Kennelbacher Straße 97 E4
Kirchplatz 97 E3
Kirchstraße 97 E3
Klostergasse 97 E3
Kolumbanstraße 97 E3-E4
Kornhaldeweg 97 E4
Kornmarktstraße 97 E3-F3
Kuengasse 97 D4
Kummenweg 97 E4
Laimgrubengasse 96 C4
Landstraße 97 D5-E4
Landwehrstraße 97 E3
Langener Straße 97 E4-F5
Lastenstraße 96 C4
Lauringasse 97 D4
Lehnenweg 96 C4 - 97 D4
Leutbühel 97 E3
Liberat-Hundertpfund-Straße 97 E4
Lipburgerstraße 97 E4
Loherhofweg 97 E4
Losergasse 97 D4
Manliusweg 97 E4
Mariahilfstraße 97 D3-D4
Maria-Stromberger-Weg 97 E4
Martinsgasse 97 E3
Maurachgasse 97 E3
Mehrerauer Straße 96 C3 - 97 D3
Meinradgasse 97 D3
Meißnerstraße 97 F3
Merbodgasse 97 D3
Metzgerbildstraße 97 E4
Michael-Gaismayr-Straße 97 D4
Mildenbergstraße 97 F3-F4
Montfortstraße 97 E3
Neu Amerika 96 B3-C3
Neugasse 97 E3
Nideggengasse 97 D4
Obere-Burggräfler-Gasse 97 D4
Ölrainstraße 97 E3-E4
Ore-Ore-Gasse 97 E3
Ovidstraße 97 E3-E4
Parkweg 97 E3
Pfänderweg 97 F3
Plattenstraße 97 E3
Prälatendammstraße 96 B3-C4
Pratostraße 97 D5
Pulverturmgasse 97 D4
Quellenstraße 97 D3-E3
Radbahngasse 97 D3
Ransperggasse 97 D3
Rathausstraße 97 E3
Reichsstraße 97 F2-F3
Reutegasse 97 D3-D4
Rhäticusstraße 97 E4
Rheinstraße 96 C4-E3
Riedener Bahnsteig 97 E3
Riedergasse 97 D4-E4
Römerstraße 97 E3-E4
Römerweg 97 D5
Rudolf-Wacker-Straße 97 D5
Rummergasse 97 D3
Sachsenheimstraße 96 C4
Sägergasse 97 D3
Samuel-Spindler-Weg 97 E3
Sandgrübenweg 97 D4
Sankt-Anna-Straße 97 E3
Sankt-Gebhard-Straße 96 C4
Schedlerstraße 97 F3-F4
Scheffelstraße 97 F3
Scheibengasse 97 F3
Schendlinger Straße 96 C4 - 97 D4
Schillerstraße 97 F3
Schlößberg 97 E3-E4
Schloßgasse 97 D5
Schloßsteig 97 F4
Schnabelgasse 97 D4
Schoelergasse 97 D4
Schöllersteig 97 D4
Schulsteig 97 D3
Schwerzenbachstraße 97 E4
Sebastian-Kneipp-Weg 96 C3 - 97 D3
Seepromenade 97 E3
Seestraße 97 E3
Seglerweg 96 C3

Seyfferitzstraße 97 D4
Sonnenstraße 97 E4
Stadionstraße 97 E3
Staudachgasse 97 E4
Steinachstraße 96 C4
Steinbruchgasse 97 F3
Stockachgasse 97 D3
Stoppelfeldgasse 96 C4 - 97 D4
Strabonstraße 96 C5 - 97 D5
Strandweg 96 B3 - 97 D3
Stülzstraße 97 E4
Südtiroler Platz 96 C4
Thalbachbergstraße 97 F4
Thalbachgasse 97 E3
Theodor-Schertler-Weg 97 E4
Thermenstraße 97 E4
Thumbstraße 97 E4
Tiberiusstraße 97 E3
Trüschenstraße 96 C3-C4
Untere-Burggräfler-Gasse 97 D4
Viktor-Kleiner-Straße 97 D4
Vorklostergasse 97 D3
Wälder Straße 97 D5
Weidachstraße 97 E5
Weihersteig 97 E3
Weiherstraße 97 E3
Weißenreuteweg 97 F3
Wiesenweg 97 D4 - 99 D1
Wildeggstraße 97 E4
Willimargasse 97 E4
Wolfeggstraße 97 E3
Wolf-Huber-Straße 97 D5
Wolfordstraße 96 C4
Wuhrbaumweg 97 D3-D4
Wuhrwaldstraße 96 C4
Wuhrweg 97 E5
Zanderstraße 96 B3-C3
Zehenderstraße 97 D5

Büsingen am Hochrhein

PLZ 78266

Alte Schaffhauser Straße 103 F5
Goethestraße 103 F5
Höhenweg 103 F5
Kohlfirststraße 103 F5
Paradiesweg 103 F5
Schaffhauser Straße 103 F5
Stemmerstraße 103 F5
Trotteweg 103 F5
Vogelgäßchen 103 E5
Vögelingäßchen 103 F5

Daisendorf

PLZ 88718

Alpenblick 50 C5
Am Fehrenberg 50 C5
Am Gärtlesberg 50 C5
Am Lichtenberg 50 B5
Am Silberberg 50 C5
Am Wattenberg 50 C5
Am Wohrenberg 50 C5
Baitenhauser Straße 50 C5
Brühl 50 B5
Höhenweg 50 C5
Im Dobele 50 C5
Meersburger Straße 50 B5-C5
Mühlenhofer Straße 50 B5
Oberrieder Weg 50 B5
Ofenküche 50 C5
Ortsstraße 50 C5
Sanatoriumsstraße 50 C5
Säntisblick 50 C5
Schulstraße 50 C5
Schützenstraße 50 C5
Unterrösch 50 B5
Waldweg 50 C5
Weihestraße 50 C5
Zur Halde 50 C5

Deggenhausertal

PLZ 88693

Alte Steige 37 F3
Am Dorfplatz 37 F3
Am Dürrenbach 37 F3
Bohlweg 21 F5
Brunnenweg 21 F5
Eglistal 21 F5
Eschlestraße 37 F3

Gartenstraße 37 F3
Grünwanger Straße 37 F3
Hochstatt 21 F5
Hutbaindt 37 F3
Im Gewerbegebiet 37 F3
Obersigginger Straße 21 F5
Rebhaldenweg 21 E5
Saalach 21 F4
Stockenbühl 21 F5
Waagweg 21 F5
Wittenhofer Straße 37 F3
Zum Hohlenstein 21 F5

Dornbirn (A)

PLZ 6850

Aachdamm 99 D5 - 100 B1
Abt-Pfanner-Weg 101 E1
Achmäder 100 B2
Achstraße 101 D4
Achweg 100 C2
Ackergasse 101 E1
Adlergasse 100 C4
Adolf-Rhomberg-Straße 101 D3
Albert-Lortzing-Straße 100 C2
Alte Erlosenstraße 100 C4
Altweg 101 D3
Am Achsteg 100 C1-C2
Am Anger 100 B3
Am Bach 101 E3
Am Eisweiher 100 C1
Am Feuergraben 101 D2
Am Floßgraben 100 B3
Am Gerbergraben 101 E2
Am Karlesgraben 100 C1
Am Müllerbach 100 C2
Am Pfarrgrund 101 E1
Am Tugstein 101 E3
Am Wall 101 E3
Ammannsgraben 100 A3
Amselried 100 C2
Amtmahd 101 D1
Angelika-Kaufmann-Straße 101 D3
Annagasse 101 D3
Apfelgasse 101 D3
Arlbergstraße 100 C4
Arlenweg 100 C3
Armin-Diem-Gasse 101 E1
Auerweg 100 C3
Augartenweg 100 C5 - 101 D4
Auweg 100 C1
Bachgasse 101 E1
Bachmädle 100 C5 - 101 D5
Bachried 101 D5
Badgasse 100 C4 - 101 D5
Bahngasse 100 C4-C5
Bahnhofstraße 101 D3
Bantling 101 F3
Bartle-Zumtobel-Straße 101 D1
Batloggstraße 101 D2
Baumgarten 101 D4
Bäumlegasse 100 C3-C4
Beckenhag 100 C3-C4
Bergmannstraße 101 E2-E3
Bergstraße 101 E3
Bickweg 101 E2
Bienengasse 101 E3
Bildgasse 100 C3
Birkenwiese 100 C3
Birngasse 101 D4
Bleiche Straße 100 C5
Blumenweg 101 D4
Bobletten 100 B5
Bockackerstraße 101 D3
Bödelestraße 100 E3-F2
Bogengasse 101 D4
Bohnenmahdstraße 100 C3 - 101 D3
Bolzplatz 100 C3 - 101 E4
Bongat 100 C4
Böngern 101 E4
Brahmsgasse 100 C3
Bremenmahd 100 C5
Brückengasse 100 C3
Brucknerstraße 100 C2
Bruggenweg 100 B4
Brunnengasse 101 E1
Bündtlittenstraße 101 E3
Bürgle 101 E4-E5
Bürglegasse 101 D4
Dammstraße 100 C3 - 101 D4
Defreggerstraße 100 B3
Dinkelweg 100 C4
Dornachgasse 101 E1
Dr.-Anton-Schneider-Straße 101 D2-E2
Dr.-Franz-Häfele-Straße 101 D4

Dr.-Ölz-Straße 101 E2
Dr.-Schmidt-Straße 101 D3
Dr.-Waibel-Straße 101 D3
Dritteläckerweg 100 C4
Edlach 101 D2
Egeten 100 C3
Eichbrunnen 100 C5
Eichenweg 100 C1
Eigenheim 101 E2
Eisengasse 101 D2-D3
Eisenhammerstraße 101 D3
Eisplatzgasse 101 D2-E2
Erlgrund 100 C4
Erlosenstraße 100 B4-C5
Eschbühel 101 E1
Eschenau 101 F4
Eschenstraße 100 C1
Eulental 101 E3
Fahnacker 101 D4
Fallbachweg 101 D5
Fallenberggasse 101 E2
Fallengraben 100 C4
Fang 101 E1
Färbergasse 101 D2
Fasanenweg 100 B3
Feldgasse 101 E1
Feldgraben 100 C4
Finkenweg 100 C5
Fischbachgasse 101 D1-D2
Fischbachgrund 101 D2
Fliederweg 101 D1
Fluh 101 F1
Flurgasse 101 E3
Föhrenweg 101 D1
Foracheck 100 C1
Forachstraße 100 C1 - 101 D2
Förstergasse 101 D4
Franz-Michael-Felder-Straße 101 D2
Frauenfeld 101 E1
Froschweg 100 C5
Frühlingstraße 101 D3
Fußenegg 101 F5
Gabelsbergerstraße 101 D3
Gansackerweg 100 C4
Gechelbachgasse 101 E4
Gehr 101 F2
Gehrweg 101 D4
Gerbergasse 101 E2
Glimpstraße 101 D2
Goethestraße 101 D3
Grabenweg 101 D3
Grändelweg 100 B3
Grillenweg 100 B3
Grillparzerstraße 101 D4
Grünanger 100 B3
Grünau 100 C1
Grundegg 101 F2
Gutenbergstraße 100 C2
Gütlestraße 101 E4-F5
Habichtweg 100 C5
Häfenberg 101 E3-E4
Haferweg 100 C4
Hafnergasse 101 E3
Hählingen 101 E2
Haidach 101 F4
Haldengasse 101 D4
Hamerlingstraße 101 E2
Hämmerlestraße 101 E2
Hanggasse 100 C4 - 101 D4
Hardacker 101 E4
Härte 100 C3-C4
Haselstauderstraße 99 F5 , 101 E1
Haslachgasse 101 D5
Haslachstraße 101 D5
Hassenreutingen 101 D5
Hatlerstraße 100 C4 - 101 D4
Heilenberg 101 F3
Heimgarten 100 C3
Heimried 100 B3
Heinzenbeer 100 B3-C3
Hermann-Gmeiner-Straße 99 F4 , 101 F1
Hintere Achmühlerstraße 101 D4-E4
Hintere Fängen 100 B5
Hinterforach 100 C1
Hirtenweg 100 C3
Höchsterstraße 98 B4 , 100 C3
Hohlen 101 F1
Hornegg 100 C5
Im Auele 100 C5
Im Böckler 101 D4
Im Dreiangel 100 C3
Im Forach 101 D1
Im Grund 100 B5
Im Gsieg 100 A4-B4
Im Hag 100 C3
Im Horn 100 C4

Im Lus 100 C4
Im Nest 101 E3
Im Porst 100 C2
Im Sack 100 A5
Im Schattau 101 E4
Im Stampf 101 E3
Im Steinat 101 E3
Im Winkel 101 D5
In der Enz 101 E4
In Fängen 100 C5
In Reben 101 D4
In Rossa 101 D5
In Steinen 100 C5
Jahngasse 101 D3
Jakob-von-Embs-Straße 101 E3
Jodok-Fink-Straße 101 D2
Jodok-Stülz-Weg 100 C4
Johann-Georg-Ulmer-Straße 101 D1
Johann-Kaspar-Rick-Straße 101 E3
Johann-Strauß-Gasse 100 C2
Josef-Anton-Herrburger-Straße 100 C3
Josef-Ganahl-Straße 100 B2-B3
Josef-Haydn-Weg 100 C2
Junkerngasse 101 E2
Kalben 101 F1
Kanalgasse 100 C2-C3
Kapellengasse 100 C4
Kapuzinergasse 101 D3
Kaspar-Hagen-Straße 101 D4
Kastenlangen 101 D1
Kaufmännen 100 C3
Kehlerau 101 E2
Kehlermäder 101 D1-E2
Kehlerstraße 101 E2
Kehlerweid 101 E2
Kehlhofstraße 101 E2
Kellenbühel 101 E3
Keplergasse 101 D1
Kernstockstraße 100 C2
Kiesquellenweg 100 C4
Kirchgasse 101 E3
Klaudiastraße 101 D3
Klosafang 100 C5
Klostergasse 101 D3
Klotzacker 101 E4
Kneippstraße 101 D4
Knie 101 E1-F1
Köblern 100 B3
Kolbendorf 100 C4
Kornfeld 101 E1
Kressgraben 100 C2
Kreuzgasse 101 D3
Krokusweg 100 C4
Küferbachgasse 101 D5
Kurzegasse 101 E3
Kurzen Langen 100 C5
Lachenmahd 101 E1
Lange Äcker 99 F5
Lange Mähder 100 B4
Langegasse 101 D2-E3
Langer Trog 101 D2
Lannerstraße 100 C3
Lehargasse 100 C2
Leo-Fall-Gasse 100 C2
Leopoldstraße 101 D4
Lerchenfeld 100 C2
Littengasse 101 E4
Ludwig-Kofler-Straße 101 D2
Lustenauerstraße 100 A3 - 101 D4
Magazingasse 101 D3
Mähdergasse 101 E2
Mähdlegasse 101 D2
Margeritenweg 100 B4
Marienweg 100 D4
Marktplatz 101 D3
Marktstraße 101 D3
Martinsruh 98 C5 - 99 D5
Matengaweg 100 C1
Meierhofweg 101 E1
Mesnergut 101 E1
Messestraße 100 B3
Michael-Lenz-Straße 100 C3
Michelstraße 100 C4
Millöckergasse 100 C3
Mittebrunnen 101 D3
Mitteldorfgasse 101 E1
Mittelfeldstraße 101 D4
Mittelforach 100 C2
Möckle 98 C5 - 100 B1
Mohrengasse 101 D3
Montfortstraße 101 D2-E2
Moosmahdstraße 101 D3
Moosweg 101 E1
Mozartstraße 100 C3 - 101 D3
Mühlebächerstraße 101 D4-D5
Mühlegasse 101 E1-E2

Eriskirch

PLZ 88097

Ermatingen (CH)

PLZ 8272, 8273

Eschenz (CH)

PLZ 8264

Dozwil (CH)

PLZ 8580

Egnach (CH)

PLZ 9314, 15, 22

Feuerthalen (CH)

PLZ 8245

Adlergasse 103 D4-D5
Bahnhofstraße 103 D5
Beckengässli 103 D5
Dahlienstraße 103 D5
Diessenhoferstraße 103 D5
Erlenstraße 103 D5-E5
Feldstraße 103 D5
Forbüelstraße 103 D5
Forenackerstraße 103 D5
Gartenstraße 103 D5
Grubenstraße 103 D5
Güterstraße 103 D5
Haldenstieg 103 D5
Haldenstraße 103 D5
Haldenweg 103 D5
Höhenstraße 103 D5
Im Guet 103 F5
Im Oefeli 103 F5
Itasruhstieg 103 E5
Kenstraße 103 D5
Kesslergasse 103 D5
Kirchstraße 103 D5
Kirchweg 103 D5
Klostergutstraße 103 F5
Klusweg 103 D4
Konstanzerstraße 103 D4-D5
Lindenbuckstraße 103 D5
Lindenstraße 103 D5
Myrtenstraße 103 D5
Rheingasse 103 F5
Rheingutstraße 103 D5
Rütenenweg 103 D5
Scheihenäckerstraße 103 D5
Schulstraße 103 D5-F5
Schützenstraße 103 D5-E5
Stadtlockette 103 F5
Stadtweg 103 D5
Steigstraße 103 D5
Trüllergässli 103 D4
Uhwiesenstraße 103 D5
Vogelsangstraße 103 D5-E5
Zürcherstraße 103 D4-D5

Frickingen

PLZ 88699

Aachweg 18 C4
Adalbert-Stifter-Weg 18 C3-C4
Ahornweg 19 E4
Akazienweg 19 D3
Altheimer Straße 19 E3
Am Bodenholz 20 A4
Am Ettenberg 19 E3
Am Kallenberg 19 E3
Amselring 19 D2
Austraße 19 E4
Bachstraße 18 C3
Badweg 20 A4
Bahnhofstraße 19 E4
Baienstraße 19 D3
Bergstraße 19 F4
Bruckfelder Straße 18 B4 - 19 D4
Döbelestraße 18 C2 - 19 D2
Dorfstraße 20 A4
Fasanenweg 19 D2
Felderstraße 18 B4-C4
Finkenweg 19 D2
Frickinger Straße 19 D2-D3
Gartenstraße 19 E4
Gewerbestraße 19 E4
Golpenweiler Straße 19 D2
Hauptstraße 18 C3 - 19 D3
Heiligenberger Straße 19 E4 - 20 A5
Im Bildstock 19 E3
Im Böttlin 19 E4
In Betzen 19 E3
In der Birß 19 E4
In der Breite 19 D3
Kapellenweg 19 E4
Kirchstraße 19 E4
Landstraße 19 F4 - 20 A4
Lerchenweg 19 D2
Leustetter Straße 19 E4
Lindenstraße 19 E4
Linzgaustraße 18 C2 - 19 D3
Lippertsreuter Straße 19 D4-E4
Mühlenstraße 19 E3
Neußbaumweg 18 B4-C4
Oberaäcker 19 D3-E4
Öschweg 19 E4
Pirolweg 19 D2

Postgasse 19 E3-E4
Quellweg 19 E3
Rathausweg 19 F4 - 20 A4
Rebweg 19 E3
Riedstraße 19 E4
Rosenweg 19 D3
Salmannsweiler Weg 18 C4
Saudstraße 18 C2-C3
Schulstraße 18 C2 - 19 D2
Schützenstraße 19 E3
Schwedengarten 19 E3
Silberberg 19 E3
Sonnhalde 20 A4
Torkelweg 19 E3
Wiesenweg 19 D3
Zieglerösch 20 A4
Zum Berlepsch 19 E3
Zum Boskoop 19 E3-E4
Zum Cox Orange 19 E3
Zum Gravensteiner 19 E3
Zum Grund 19 E4
Zum Sägebühl 19 D2
Zum Vogelsang 19 D2
Zum Weingarten 19 E4
Zur Brücke 18 B4
Zur Kapelle 18 C4
Zur Oberen Mühle 19 D2

Friedrichshafen

PLZ 88045, 46, 48

Achstraße 83 E4 , 84 A2
Adelheidstraße 76 A5-B5 , 83 E2-F2
Adenauerplatz 83 D4
Adlergasse 83 E3 , 84 A1
Äußere Ailinger Straße 76 A4-A5,83 E1-E2
Ahornweg 83 F3 , 84 B1
Ailinger Straße 75 F5 - 76 A5 , 83 D3-E2
Aistegstraße 76 A5 , 83 E2 - 84 A1
Akazienweg 83 F3 , 84 B1
Akeleiweg 76 A4 , 83 E1
Alamannenweg 75 E4 , 82 C1
Albert-Maier-Straße 75 F4 , 83 D1
Albert-Schweitzer-Straße 75 E5 , 82 C2
Albrecht-Dürer-Straße 83 E3 , 84 A1
Albrechtstraße 82 B3-C3
Alfred-Delp-Weg 75 E5 , 82 C2
Allgäuer Straße 82 B3
Allmandstraße 83 D3
Allmannsweilerstraße 76 A5-B4,83 E2-F1
Alpenblickweg 76 A2
Alpenstraße 82 C3
Alt-Eggenweiler 76 C1
Alter Friedhofweg 82 C3
Am Alten Garten 76 C1
Am Anger 76 A4 , 83 E1
Am Bahndamm 74 A4
Am Bühl 74 A2-B2
Am Fallenbach 82 B3
Am Haldenberg 76 A2
Am Hang 75 F2
Am Holderbusch 76 A4 , 83 E1
Am Kirchsprengel 56 C5
Am Klärwerk 83 F4 , 84 B2
Ammernweg 74 C5 , 82 A2
Am Obstgarten 75 E3
Am Rohrbach 75 F4 , 83 D1
Am Rosenhag 75 F4 - 76 A4 , 83 D1-E1
Am Seemooser Horn 82 A3
Am Seewald 83 F3 , 84 B1
Amselweg 82 A3
An der Breite 56 C5
An der Steige 75 F3
Anemonenweg 75 F4 , 83 D1
Antoniusplatz 83 D4
Anton-Sommer-Straße 83 F3-F4 , 84 B2
Apfelweg 76 A2
Appenzeller Straße 82 C3
Argenweg 76 A4 , 83 E1
Asternstraße 83 D1
Asternweg 75 F4
Auerhahnweg 76 A2
August-Beckh-Weg 74 B4
Austraße 76 A3
Bachstelzenweg 74 C5 , 82 A2
Bachstraße 82 C3
Bäumlinger Weg 75 F1
Bahnhofplatz 83 D3
Bahnhofstraße 74 A2
Batenkenweg 74 A4
Beethovenstraße 75 F5 - 76 A5,83 D2-E2
Behringweg 74 C5 , 82 A2
Bei der Eselsbrücke 76 B5 , 83 F2
Bei der Ziegelgrube 73 F4
Bergblick 73 F3

Berger Halde 75 E2-E3
Berger Straße 74 C3 - 75 D3
Bertoldweg 74 A2
Bessererweg 73 F2
Bibelierstraße 76 A2
Bildackerweg 74 B5
Bildgartenstraße 74 A5
Birkenweg 83 F3 , 84 B1
Birkhuhnweg 76 A2
Birklestraße 83 D3
Birnauweg 74 B5
Birnenweg 76 A2
Bismarckstraße 83 D3
Blankenrieder Straße 56 B5
Blasiusweg 75 F4 , 83 D1
Blücherstraße 83 E3 , 84 A1
Blütenweg 74 A3
Bodelschwinghstraße 76 A4 , 83 E1
Bodenseestraße 76 A3
Bodmanstraße 74 B5
Bödeleweg 82 B3
Bohnapfelweg 75 F2 - 76 A2
Bonhoefferweg 83 E3 , 84 A1
Boskoopstraße 75 F2
Brahmsstraße 76 A5 , 83 E2
Brenzweg 76 A4 , 83 E1
Breslauer Straße 75 D5-E5 , 82 B2-C2
Brochenzeller Straße 76 C1
Brucknerstraße 76 A5 , 83 E2
Brühlpfad 82 C3
Brühlstraße 76 C1
Brunnenstraße 82 C3
Brunnhaldenweg 74 C2
Brunnisachweg 74 A4
Buchbüchelweg 74 B5
Buchenbachweg 74 B5
Buchenweg 83 F3 , 84 B1
Buchhornplatz 83 D4
Buchschachweg 74 C4 , 82 A1
Bunkhofener Straße 75 F3
Burgstraße 83 E3 , 84 A1
Bussardgasse 83 E3 , 84 A1
Butterbirnenweg 75 F2
Carl-Benz-Straße 74 B4-B5
Casparstraße 74 B5-C5 , 82 A2
Charlottenstraße 83 D3
Colsmannstraße 75 F5 , 83 D2-D3
Cottastraße 74 B4
Dahlienweg 76 A5 , 83 E2
Daimlerstraße 74 B5
Dammstraße 83 D4
Danziger Weg 75 E5 , 82 C2
Deblerstraße 75 E5 , 82 C2
Dekan-Rogg-Straße 75 E3
Delitzscher Straße 82 B2-B3
Diamantstraße 74 B5-C5 , 82 A2
Dieselstraße 74 B5
Dietostraße 76 B5 , 83 F2
Dohlenweg 76 A2
Domänenstraße 74 B5
Dompfaffweg 74 C5 , 82 A2
Donaustraße 76 A4 , 83 E1
Dorfweg 75 F1
Dorfwiesenstraße 75 F4-F5 , 83 D1-D2
Dornierstraße 74 B4-B5
Dr.-Rueß-Platz 74 A4
Dr.-Sproll-Straße 83 E3 , 84 A1
Draisweg 74 B5
Drosselweg 82 A3
Droste-Hülshoff-Straße 75 F5 , 83 D2
Drumlinweg 74 C2
Eberhardstraße 83 E3 , 84 A2
Eckenerstraße 83 D3 - 84 A1
Eckmähde 76 A2
Edelweißweg 76 A5 , 83 E2
Efriedweg 74 A2
Egelsee 75 E3
Eggenweg 76 B4 , 83 E1-F1
Ehlersstraße 76 A5 - 84 A1 , 83 D3-E3
Ehlersweg 74 C5
Eichenmühleweg 74 A4
Eichenweg 83 F3 , 84 B1
Einödweg 75 F1
Eintrachtstraße 76 A4 , 83 E1
Eisenbahnstraße 74 A4-B5
Eisvogelweg 74 C5 , 82 A2
Ekkehardstraße 75 F5 - 76 A5, 83 D2-E2
Ellenbergweg 75 F1
Elsternweg 76 A2
Emil-Higelin-Straße 73 F2
Enzianweg 75 F4 , 83 D1
Eriskircher Weg 83 E4 - 84 A2
Erlenweg 83 F3 , 84 B1
Ernst-Lehmann-Straße 82 C3 - 83 D3
Ernst-Sachs-Weg 74 B4
Ernst-Zimmermann-Straße 75 F4 , 83 D1

Eschenweg 83 F3 , 84 B1
Eschstraße 76 A3
Ettenkircher Straße 56 C5
Ettostraße 56 C5
Eugen-Bolz-Straße 83 D4
Eugenstraße 82 C3 - 83 D3
Faberstraße 75 F5 , 83 D2
Fährtwiesenstraße 74 C4 , 82 A1
Falkengasse 83 E3 , 84 A1
Fallenbrunnen 74 C5 - 75 D5 , 82 A2-B2
Fasanenweg 76 A2
Felchenweg 83 F4 , 84 B2
Felix-Dahn-Straße 75 F5 , 83 D2
Fichtenburgstraße 74 C1-C2
Fichteweg 83 E3 , 84 A1
Fildenplatz 74 A5
Fildenstraße 74 A5
Finkenweg 74 C5 , 82 A2
Fischerstraße 74 A5
Flachshalde 56 B5
Fliederweg 76 A4 , 83 E1
Flugplatzstraße 76 A5 , 83 E2 - 84 A1
Flurweg 75 F4 , 83 D1
Föhnweg 74 A3
Fohlenstraße 76 A2
Forchenweg 83 F3 , 84 B1
Forstraße 83 E3 , 84 A1
Frankenweg 75 E4 , 82 C1
Franziskusplatz 83 D3
Freiligrathstraße 75 F5 , 83 D2
Freschenstraße 82 C3
Fridolin-Endraß-Platz 83 D3
Friedenstraße 75 E3
Friedhofweg 75 E3
Friedrich-List-Weg 74 B4
Friedrichstraße 83 D4
Fröbelweg 75 E5 , 82 C2
Frühlingsweg 73 F1
Fuchsweg 75 E5 , 82 C2
Fürstenbergweg 74 A2-B2
Furtweg 75 F3
Gaabweg 74 B4
Gaggstraße 75 F4 , 83 D1
Galileistraße 83 D3
Galleyenstraße 76 C1
Gallusstraße 83 E3 , 84 A1
Gangolfstraße 73 F2
Gansbühlweg 74 A2
Gartenstraße 76 A2
Gebhard-Fugel-Straße 83 D3
Gebhardstraße 83 E3 , 84 A1
Gehrenweg 75 E5 - 82 C2
Geigerstraße 82 C3
Gelbmöstlerweg 75 F2
Georgstraße 83 E3 , 84 A1
Gerberstraße 83 E3 , 84 A1
Gerhart-Hauptmann-Weg 76 A4 , 83 E1
Gerholzweg 74 B5
Girishalde 74 B3-B4
Glärnischstraße 82 B3
Glückstraße 76 A4 , 83 E1
Goethestraße 75 F5 , 83 D2-D3
Goldachweg 76 A4 , 83 E1
Goldparmänenweg 75 F2
Goldschmiedstraße 83 D4
Graf-von-Soden-Straße 75 F5 , 83 D2
Gravensteinerweg 75 F2
Gregor-Schwake-Straße 56 B5-C5
Grenzweg 74 C1-C2
Gröberstraße 75 E4 , 82 C1
Grötzelstraße 75 E2-E3
Grünlandweg 56 B5
Grundstraße 82 C4
Gustav Werner Weg 82 B3
Gutastraße 76 B5 , 83 F2
Gutenbergstraße 76 A4-A5 , 83 E1-E2
Habichtgasse 83 E3 , 84 A1
Habratsweiler Straße 76 A2
Hadwigstraße 75 F5 , 83 D2-D3
Hägleweg 75 E4 , 82 C1
Häherweg 76 A2
Hagendorner Weg 76 A3
Hahnenmannweg 74 C5 , 82 A2
Haldenweg 76 A2
Hammerstatt 75 F2-F3
Hammerstüblzenweg 74 A4
Hans-Böckler-Straße 83 E3 , 84 A1
Hansjakobstraße 74 A4
Hans-Schnitzler-Straße 83 D3
Harröösenstraße 75 E3
Haselweg 83 F3 , 84 B1
Hauffstraße 75 F5 - 76 A5 , 83 D2-E2
Hauptstraße 75 F1 - 76 A2
Haus am Wald 74 B2
Haydnstraße 76 A5 , 83 E2
Hebelstraße 76 A5 , 83 E2

Ziegelstraße 74 A5
Zirbelweg 76 B5 , 83 F2
Zöcklerweg 76 A4 , 83 E1
Zürnstraße 74 B5

Fußach (A)

PLZ 6972

Achstraße 117 E3
Ahorn 117 F2
Ankerweg 117 E3
Auweg 117 E3
Baumgarten 117 E2
Bilke 117 E3-E4
Birkenfeld 117 E4
Brugger Straße 117 E5
Buchenweg 117 D4
Bundesstraße 117 E4
Bündt 117 E4
Bungat 117 E2
Dorfstraße 117 E3
Eichenweg 117 D5
Eichwald 117 E5
Eschenweg 117 D4
Fallenstraße 117 E4
Felbenweg 117 D4
Feldweg 117 E3
Ferdinand-Weiss-Straße 117 E2
Flurweg 117 E3
Giessenstraße 117 E5
Hafenstraße 117 E2-F2
Harder Straße 117 E3-E4
Hasenfeld 117 E5
Herrenfeld 117 E3
Hetzelweg 117 E4
Hinterburg 117 E2
Hirschenweg 117 E3
Höchster Straße 117 E3-E4
Im Garten 117 E3
Kanalstraße 117 E2-F2
Kapellenweg 117 E3
Kirchstraße 117 E3
Lehmgrubenweg 117 E5
Liebera 117 E3
Mahd 117 E3
Mockenried 117 E3
Montfortstraße 117 E3
Mühlwasen 117 E3-E4
Müß 117 E2
Nachtgärtleweg 117 E2
Neugrütt 117 D5
Obere Riedstraße 117 E3
Pertinsel 117 E5
Polder 117 E2
Rheinstraße 117 E5
Riede Dorfstraße 117 E3
Riedgarten 117 E3
Riedstraße 117 E2
Rohrstraße 117 E2
Schilfweg 117 E2
Schulstraße 117 E3
Seestraße 117 F2-F3
Seglerweg 117 E2
Siedlerstraße 117 F2
Sonnenweg 117 E4
Spital 117 E3
Streueweg 117 E3
Tännelestraße 117 D2
Teichweg 117 E2
Turnhallenweg 117 E3
Voglerstraße 117 D2
Wiesenstraße 117 E3
Ziegeleistraße 117 E4

Gaienhofen

PLZ 78343

Alter Weg 61 F4 , 107 D2
Amselweg 62 B2
Auf der Breite 62 A3 , 107 E1
Brommenstraße 62 B2
Chorherrenäcker 62 B2
Curth-Georg-Becker-Weg 61 F4 , 107 D1
Dorfstraße 61 F4 , 107 D2
Erbringstraße 62 B2
Erich-Heckel-Weg 61 F4 , 107 E1
Erlenlohweg 62 A3 , 107 E1
Fasanenweg 62 B2
Feuerwehrstraße 62 A3
Fischersteig 61 F4 , 107 D2
Fliederweg 62 B2
Fuhrmannsweg 62 B2
Gartenstraße 62 B2
Gässle 62 B1

Gütebohlweg 62 A3 , 107 E1
Häsliacker 61 F4 , 107 D2 107 D2-E1
Hauptstraße 61 F4 - 62 A4,
Heckbrunnenweg 62 B1
Hegaublick 62 A1
Herdweg 62 A1
Hermann-Hesse-Weg 62 A3 , 107 E1
Himmernstraße 62 B2
Hinter Weingarten 62 A3 , 107 E1
Hofstraße 62 B1
Höhenweg 62 B2
Hörisstraße 62 A3
Hörnliweg 62 B2
Hornstaaderstraße 62 B2
Im Alten Bach 62 A4 , 107 E1
Im Bänkle 62 A3 , 107 E1
Im Baumgarten 61 F4 , 107 D2
Im Bündtle 62 B1
Im Kellhof 61 F4 , 107 D2
Im Kohlgarten 62 A3
Im Mühlgarten 62 A3 , 107 E1
Im Neusatz 62 A3 , 107 E1
Im Staadergarten 62 B2
Im Weingarten 62 B2
In der Reute 62 B2
Kapellenstraße 62 A3 , 107 E1
Kirchgasse 62 B2
Kirchsteig 61 F4 , 107 D2
Kracheneckstraße 62 B2
Lanzengasse 62 A1-B1
Ledergasse 62 B2
Lerchenweg 62 B2
Löberenstraße 62 A1
Ludwig-Finkh-Weg 62 A3 , 107 E1
Maurengasse 62 B1
Möwenweg 62 B2
Mühlbachweg 61 F4 , 107 D2
Mühlenstraße 62 A3 , 107 E1
Ob den Reben 61 F4 , 107 D1
Otto-Dix-Weg 61 F4 , 107 D2
Rebbergstraße 62 A1
Rosenweg 62 B2
Schloßstraße 62 A3 , 107 E1
Schulstraße 62 A3
Schweizerhalde 62 A3 , 107 E1
Seeblickstraße 62 B2
Seegeterstraße 62 A2
Seestraße 62 B1
Sonnenhalde 62 A3
Sonnenhang 62 A1
Strandweg 62 B2
Torkelgasse 61 F4 , 107 D2
Uferstraße 61 F4 , 107 D2
Veilchenweg 62 B2
Vogelsangstraße 62 B2
Waldblickstraße 62 B2
Walter-Kaesbach-Weg 61 F4 , 107 D2
Weilerstraße 62 B2
Wiesenstraße 62 B1
Zum Weingarten 62 A3 , 107 E1
Zur Hohenmarkt 62 A3 , 107 E1

Gaiserwald (CH)

PLZ 9030, 9032

Auwiesenstraße 118 A3
Bächlistraße 118 B1
Bellonatalstraße 118 A3
Beuzenhausweg 118 A2
Blumenaustraße 118 A1
Breitschachenstraße 118 B1
Chapfhaldenstraße 118 B1
Chapfhaldeweg 118 B1
Chapfstraße 118 B1
Ebnetstraße 118 B1
Egglistraße 118 A3
Florastraße 118 B1
Fuchsenstraße 118 A32
Gallusstraße 118 A11
Gartenstraße 118 B1
Haldenweg 118 B1-B
Hätterenstraße 118 A2-B
Hauptstraße 118 A3
Hochweidstraße 118 B1
Höhenstraße 118 B1
Hüttenstraße 118 A2
Iltisstraße 118 A3
Kreuzstraße 118 A2-B1
Lärchenhügel 118 A1
Lindenwiesstraße 118 B2
Lindenwiesweg 118 B2
Lochwaldstraße 118 A2
Meldeggweg 118 A2
Mühlenstraße 118 A3
Nelkenstraße 118 B1

Oberer Lindenwies 118 B1
Oberer Meldeggweg 118 A1
Oberhaldenstraße 118 B1
Ochsenweidweg 118 B2
Ruchwiesstraße 118 A1
Rütistraße 118 A2-C1
Rütiweg 118 A2
Sankt-Galler-Straße 118 A2-B1
Sankt-Josefen-Weg 118 A3
Schönbüelstraße 118 A1
Schwendistraße 118 A1
Silberbachweg 118 B1
Sonnenhaldenstraße 118 B1
Sonnmattstraße 118 A1
Spiseggstraße 118 A2-A3
Steigweg 118 A3
Steiler Schwendiweg 118 A1
Strickstraße 118 B1
Strickweg 118 B1
Tannenbergstraße 118 A1
Tellerstraße 118 B1
Tellerweg 118 B1
Tonisbergstraße 118 A2
Waldweg 118 A1
Zellerweg 118 C1

Gaißau (A)

PLZ 6974

Agathaweg 115 F5
Birkenfeld 115 F4
Birkenweg 115 F4
Bussardweg 116 A4
Eichenweg 115 F4
Fingstraße 116 A4
Flurweg 116 A4
Gartenstraße 116 A4
Hauptstraße 115 F5 - 116 A4
Hofackerstraße 116 A4
Hornstraße 116 A4
Im Feld 115 F4
Im Kreuzacker 116 A4
Im Pöschen 115 F4
Im Rossstand 115 F4
Im Wiesle 115 F4
Kirchenstraße 116 A4
Oberdorfstraße 116 A4
Ofenstraße 115 F4-F5
Rheinstraße 115 F3-F5
Riedgasse 116 A4
Schwalbenweg 116 A4
Sonnenfeldstraße 116 A4
Teilstraße 115 F5
Tulpenweg 116 A4
Weidenweg 115 F4
Wiesenweg 116 A4

Goldach (CH)

PLZ 9403

Aachstraße 112 C4
Abfleckenstraße 112 C5
Aeueliweg 112 C4
Alte Landstraße 112 C4
Ankerweg 112 C4
Appenzeller Straße 113 D4-D5
Bachfeldstraße 113 D4
Bachfeldweg 113 D3
Bachweg 113 D4
Bahnhofweg 112 C4
Baumgartenstraße 112 C4
Bleicheweg 113 D4
Blumeneggstraße 112 B5-C5
Blumenhaldeweg 112 B5
Blumenstraße 112 C4 - 113 D4
Breitenweg 112 C4 - 113 D4
Bruggmühlestraße 112 C4
Chellenstraße 113 D5
Chogenaustraße 113 D3
Dammweg 112 C4
Dorfplatz 112 C4
Eichweg 113 D4
Erlenweg 112 C4
Eschenstraße 112 C4
Eschlenwaldweg 113 D5
Felbenstraße 112 C3 - 113 D3
Florastraße 113 D4
Föhrenstraße 112 C4
Frohheimstraße 112 C4 - 113 D4
Gallusstraße 113 D4
Gärtnerweg 113 D4-D5
Golderbergstraße 113 D5
Goldermühlestraße 112 C5
Grünaustraße 113 D5

Gupfenweg 112 B5
Haini-Rennhas-Straße 112 C4
Haldenmühlestraße 112 C4-C5
Haldenmühleweg 112 B5
Hauptstraße 112 B5
Hinterbergweg 112 B5
Höhenweg 113 D4
Hohrainstraße 112 C5
Hohrainweg 113 D5
Ilgenweg 112 C4
Iltenrietweg 112 C5
Im Moos 113 D5
Im Quellacker 113 D4
In der Weid 112 C5
Klosterstraße 113 D4
Kreuzstraße 113 D4
Kreuzweg 113 D4
Laimatstraße 112 C5
Langrütistraße 113 D3
Langrütiweg 113 D3
Libellenstraße 112 C5
Lindenweg 113 D4
Löwenstraße 112 C4
Mariatal 113 D3
Marmorstraße 112 C4
Mattenweg 113 D5
Metzgergasse 112 C4
Möttelistraße 112 C5 - 113 D5
Mühlebergstraße 112 C5
Mühlegutstraße 112 C4
Myrtenweg 113 D4
Nelkenweg 113 D4
Neumühlestraße 112 C5
Oberbleicheweg 113 D3
Ochsengartenweg 113 D4
Otmarstraße 113 D4
Paradiesweg 113 D4-D5
Pestalozzistraße 113 D5
Quellenstraße 113 D4
Rantelstraße 112 B5
Rebenhaldenweg 113 D4
Rebenstraße 113 D3
Rietbergstraße 113 D3-D4
Rosenackerstraße 112 C4
Rotensteinstraße 113 D4
Sägestraße 113 D4
Sangenweg 112 C4-C5
Sankt-Galler-Straße 112 C4 - 113 D4
Schmiedgasse 112 C4
Schulstraße 112 C4
Schuppisstraße 112 C4
Schützenwiesweg 113 D5
Seebüelstraße 113 D4
Seefeldstraße 113 D3
Seeheimstraße 113 D4
Seestraße 113 D3
Seeweg 113 D4
Seewiesstraße 113 D3
Seewydenstraße 113 D4
Seewydenweg 113 D4
Sonnenhaldenstraße 113 D4
Sonnenweg 113 D5
Spättigstraße 113 D4
Städlistraße 113 D5
Staudenäckerstraße 112 C4
Steinackerstraße 113 D3
Stelzenrebenstraße 113 D4
Sulzstraße 112 C4 - 113 D5
Tellstraße 112 C4
Terminusstraße 113 D4
Thannäckerstraße 112 C3
Thannstraße 112 C3-C4
Thannweg 113 D3
Tübacher Straße 112 C3-C4
Ulrich-Rösch-Straße 112 C4
Unionstraße 112 C5
Unteregger Straße 112 B5-C4
Unterstraße 112 C4
Warteggweg 112 C4
Weierstraße 112 C4
Weinhaldenstraße 113 D4
Wiesenstraße 113 D4
Wiesentalweg 113 D4
Witenbachweg 112 C5 - 113 D5
Witenholzstraße 113 D5
Wuhrstraße 112 C5
Württemberger Weg 113 D3
Zentralstraße 113 D4

Gottlieben (CH)

PLZ 8274

Aalgasse 65 F5
Am Schloßpark 65 F5
Espenstraße 65 F5

Höchst (A)

PLZ 6873

Am Steg 116 C4
Am Wald 116 B4
Augasse 117 E5
Bäumlestraße 116 B4
Bildgasse 116 C5
Bitzestraße 117 E5
Blumenweg 116 C5
Bonigstraße 117 D4
Brugger Straße 117 E5
Bundesstraße 117 D5
Bündtenstraße 116 C4
Bungatweg 116 C4
Dammgasse 117 E5
Deltastraße 117 D4
Dr.-Schneider-Straße 117 D5
Eichenweg 117 E5
Eisengasse 116 C4
Erlenweg 116 B4
Fährestraße 116 C5
Falkenstraße 116 C4
Fangstraße 116 B4
Fichtenweg 116 C5
Fischergasse 116 C4
Fliederweg 117 D4
Flurstraße 117 D4
Föhrenweg 116 C5
Forellenweg 116 C4
Förstergasse 116 B4
Franz-Reiter-Straße 116 C5
Frühlingsstraße 116 B5-C4
Gaißauer Straße 116 B4-C5
Gartenstraße 117 D5
Gärtnerweg 116 B4
Glockengasse 117 D4
Grünau 116 B4
Hauptstraße 117 D5
Hirschenweg 116 C4
Hofgarten 117 D4
Holderbaum 116 C5
Im Dorf 116 C4
Im Schlatt 116 C4
Jägerweg 116 B4
Jahnstraße 116 C4
Kapellenstraße 117 D4
Kirchplatz 116 C5
Kirchweg 116 C5
Kneippstraße 116 C4
Konsumstraße 116 C4
Kornfeld 116 C4
Kreuzacker 117 D4
Kreuzdorfstraße 117 D5-E5
Küferstraße 117 D4
Lerchenstraße 117 D4
Lindenweg 116 B4
Montfortstraße 117 D4
Morgenstraße 117 E5
Mühleweg 116 C4
Nelkenweg 117 D4
Neufeld 116 B4
Neuwiesenhof 117 E4
Nordweg 117 D4
Paradies 116 B4
Pfarrer-Haller-Straße 116 C5
Postweg 117 D5
Rebgarten 116 C5 - 117 D5
Rheinauweg 116 B4 - 117 D5
Rheinstraße 117 E5
Riedstraße 116 C4
Rohrspitz 116 B3-C4
Römerstraße 117 D4
Rosenstraße 117 E5
Sandgasse 116 C4
Schifflegasse 116 C4
Schulweg 116 C4
Schützenstraße 117 D5
Schwalbenweg 117 D4
Schwanenstraße 117 D5
Seestraße 116 C4
Sonnengarten 117 D5
Tischlerweg 116 C4
Turmgasse 117 D5
Waldstraße 116 B4
Webergasse 116 C4
Wichnerstraße 116 B5-
Wiesenstraße 116 C4C5
Winkelweg 117 D5
Wuhrweg 116 B5
Zehentstraße 116 C4-C5
Zollweg 117 D5

Homburg (CH)

PLZ 8507, 8508

Alte Landstraße 107 E5
Eichhölzliweg 107 E4
Hagenbuechstraße 106 C5-D5
Haidenhausstraße 107 E5
Hauptstraße 107 E5
Rosenbergstraße 106 B5
Seelwiesenstraße 107 E5
Trägermoosstraße 107 E5

Hörbranz (A)

PLZ 6912

Alemannenweg 95 E4
Allgäustraße 95 F1-F3
Am Bächle 95 F3
Am Giggelstein 95 F3
Am Maierhof 95 F3
Am Mühlbach 95 E3
Am Sportplatz 95 E4
Amerikaweg 95 E3
Backenreuter Straße 95 F3
Bilgeriweg 95 E4
Birkenweg 95 F1
Blumenweg 95 E4
Branntmannstraße 95 F3
Dieglinger Straße 95 F1
Dr.-Haltmeier-Weg 95 E4
Erlachweg 95 F2
Feldweg 95 F3
Flurweg 95 F2
Fronhofer Straße 95 F3
Gartenstraße 95 E4
Genfahlweg 95 E2
Georg-Flatz-Weg 95 F2
Grabenweg 95 E2
Grenzstraße 95 E2
Grünaustraße 95 F2
Heribrandstraße 95 F1
Herrenmühlestraße 95 E4
Hochstegstraße 95 E3
Hofer Straße 95 F4
Im Ried 95 F2
Im Unterfeld 95 E4
Josef-Matt-Straße 95 F2
Kelterweg 95 F3
Kirchweg 95 F2
Krüzastraße 95 E3
Lehmgrube 95 F2
Leiblachstraße 95 E4
Leonhardstraße 95 F1
Lindauer Straße 95 E2-F2
Lochauer Straße 95 E3-E4
Maihofstraße 95 E4
Moosweg 95 E3
Patachoweg 95 F2
Rebenweg 95 F3
Rechbergstraße 95 F3
Reiffeisenplatz 95 F2
Reutenannweg 95 F3
Rhombergstraße 95 F3
Richard-Sannwald-Straße 95 E2
Römerstraße 95 F2
Rosenweg 95 F3
Ruggbachweg 95 F4
Ruggburgstraße 95 F4
Sägerstraße 95 E2
Salvatorstraße 95 E4
Sankt Martinsweg 95 F3
Schmittenstraße 95 F3
Schützenstraße 95 F2
Schwabenweg 95 E4
Schwedenstraße 95 F3
Sonnenweg 95 F2
Starenmoosweg 95 E3
Staudachweg 95 E2
Straußenweg 95 E3
Uferstraße 95 E2
Unterhochstegstraße 95 E4
Weidachstraße 95 E3
Weinbergstraße 95 F3
Wuhrstraße 95 F2
Ziegelbachstraße 95 F3

Horn (CH)

PLZ 9326

Aachstraße 112 C2
Alleestraße 112 C2
Alpsteinstraße 112 C3
Bachrüti 112 C2

Bahnhofstraße 112 C2
Brunnenstraße 112 C3
Burgenstraße 112 C2
Bürgerstraße 112 C2-C3
Eisenbahnstraße 112 B2
Farbstraße 112 C2
Feldstraße 112 C2
Fischerweg 112 C2-C3
Gartenstraße 112 C2
Grünaustraße 112 B2-C2
Hagenbuchstraße 112 C2
Himmelrichstraße 112 C2
Kirchstraße 112 C2
Obstgartenstraße 112 C2
Rebenstraße 112 C2
Säntisstraße 112 C2
Schulstraße 112 C2
Seeackerstraße 112 C2
Seestraße 112 B2 - 113 D3
Sonnenhaldenstraße 113 D4
Terminusstraße 113 D4
Theo-Glinz-Straße 112 C2
Tübacher Straße 112 C2
Wiesenstraße 112 C2
Württembergerweg 113 D3
Zelgstraße 112 C2
Zollstraße 112 C2

Immenstaad am Bodensee

PLZ 88090

Adlerstraße 73 D5
Altenbergstraße 72 C4
Auf dem Ruhbühl 73 E4
Austraße 72 B4
Bachstraße 73 D5
Brodmannstraße 72 C5
Bruggerweg 72 C5
Bürglen 73 D5
Dr.-Zimmermann-Straße 73 D5
Frickenwäsele 73 D5
Friedrichshafener Straße 73 E5
Fritz-Kopp-Straße 73 D5
Gehrenbergstraße 73 D4-E4
Happenweilerstraße 73 D5
Hardstraße 72 C5
Hasenweg 73 D5
Hauptstraße 73 D5
Hausgärten 73 D5
Helmsdorfweg 73 E5
Herrenweilerweg 73 D4
Hersbergweg 72 C5
Im Grund 72 C5
Im Vogelsang 73 D5
Kapellenweg 72 C5
Kippenhorn 72 C5
Kirchberger Straße 72 B4-C4
Kniebachweg 73 D5
Kobenbachweg 72 C4
Kretzergang 72 C5
Kupferbergerstraße 72 C5
Molkeweg 73 D5
Monfortstraße 72 C5
Mühlgarten 73 D5
Normannenweg 73 E4-E5
Obere Kupferbergstraße 72 C4
Öhnehofen 72 C4
Reuthnenstraße 73 D5
Sankt-Jodokus-Weg 72 C5
Sankt-Michaels-Weg 72 C5
Schulstraße 73 D5
Seegaddel 73 D5
Seelbachstraße 72 C4
Seestraße Ost 73 D5
Seestraße West 72 B5 - 73 D5
Siedlung 73 E4
Sommerberg 72 C5
Spiegelberg 73 D5
Steigwiesen 73 E3
Strandbadstraße 73 D4
Tobelweg 73 D5
Wattgraben 73 D5
Wicklum 72 C4
Wikingerweg 73 E4-E5
Willen 72 C5
Winkel 72 C5
Wolfgangweg 72 B5
Zum Sportzentrum 73 D4

Kennelbach (A)

PLZ 6921

Achstraße 97 F5
Ahornweg 97 F5
Alte Landstraße 97 F5
Bregenzer Straße 97 F5
Dorfstraße 97 F5
Feldweg 97 F5
In der Telle 97 F5
Kanalstraße 97 F5
Kustersbergstraße 97 F5
Langener Straße 97 F5
Liebensteinweg 97 F5
Luxerweg 97 F5
Parkweg 97 F5
Sankt-Antonius-Weg 97 F5
Sportplatzstraße 97 F5
Steinfeldstraße 97 F5
Waldbahnstraße 97 F5
Waldhäuser 97 F5

Kesswil (CH)

PLZ 8593

Bachtobelstraße 109 F3
Bahnhofstraße 109 F3
Carl-Gustav-Jung-Straße 109 F3
Edenstraße 109 D3-D4
Frohsinnstraße 109 F3
Güttinger Straße 109 D4
Hafenstraße 109 D3-F3
Im Unterbach 109 D4
Industriestraße 109 F3
Käsereistraße 109 F3
Niederholzstraße 109 F2
Pappelstraße 109 D4
Paul-Häberlin-Straße 109 F3
Rietwiesenstraße 109 D3-D4
Seetalstraße 109 D3-F3
Seeweg 109 F2-D4
Unterbachstraße 109 D4
Uttwiler Straße 109 D4-F3
Wasserwerkstraße 109 D4

Konstanz

PLZ 78462, 64, 65, 67

Abendbergweg 48 A5-B5
Adalbert-Schnatterer-Straße 66 C4,68 C2
Adenauerstraße 48 B5
Aeschenweg 67 E3 , 69 E1
Albert-Riesterer-Weg 47 F2
Alemannenstraße 66 C4 , 68 C2
Alfred-Wachtel-Straße 66 C5 , 68 C2
Allensbacher Straße 46 C2 - 47 D2
Allensteiner Straße 66 A3
Allmannsdorfer Straße 67 D4 , 69 D2
Alpenstraße 67 D5 , 69 D2
Alpsteinweg 67 E5 , 69 E3
Alte Litzelstetter Straße 66 A1-B1
Alte Schiffstraße 67 E3 , 69 E1
Alte Torkelbergstraße 48 B5
Alten Graben 66 B5 , 68 B3
Alter Bannweg 66 C3 , 68 C1
Alter Wall 66 C5 , 68 C2
Altmannstraße 67 D5 , 69 D2
Am Berg 46 C2 - 47 D2
Am Bettenberg 66 B1
Am Briel 66 C4 , 68 C1
Am Brunnen 47 F2 - 48 A2
Am Ergatshauser Hof 66 C4 , 68 C1
Am Fließhorn 48 B2-B3
Am Guckenbühl 48 A5
Am Homberg 66 A2-B2
Am Pfeiferhölzle 66 C3 , 68 C1
Am Rathaus 47 D2
Am Rinzler 48 B5
Am Schlehdorn 48 B4-B5
Am Schlößli 67 D2
Am Schmerzenmösle 67 E3 , 69 E1
Am See 48 B4-B5
Am Tobel 48 A2
Am Ufer 48 A2
Amalienstraße 67 E3 , 69 E1
Amselweg 48 B5
An der Linde 67 D4 , 69 D2
An der Steig 67 E4 , 69 E1
Auf dem Salzberg 67 D4 , 69 D2
Auf der Insel 66 C5 , 68 C3
Augustaweg 48 B5
August-Borsig-Straße 66 A4 , 68 A1

Kressbronn am Bodensee

PLZ 88079

Kreuzlingen (CH)

PLZ 8280, 8288

Lohmühleweg 68 C5
Lohstraße 68 A5-B5
Löwenschanz 68 C5
Löwenstraße 68 C5
Luisweg 68 B4
Marktstraße 68 C4-C5
Marktweg 68 C4
Maurerstraße 68 E5
Minervaweg 68 B4
Mittelalpstraße 68 C5
Morellstraße 68 C5
Mühleschwarzweg 68 C5
Mühlestraße 68 B5
Müllerstraße 68 C5
Muntpratweg 68 B4
Nationalstraße 68 C4-C5
Nelkenweg 68 B5
Neptunstraße 68 C4
Neudorfstraße 69 D5
Neugasse 68 C5
Oberer Alpweg 68 C5
Oberer Schulweg 68 C5
Ochsenstaffel 68 C5
Otto-Raggenbass-Straße 68 C4
Palmenstraße 68 B4-C4
Palmenweg 68 B4-C4
Parkstraße 68 C5
Paulistraße 69 D5
Pestalozzistraße 68 C4-C5
Promenadenstraße 69 D5
Quellenstraße 68 B5
Rankstraße 68 C5 - 69 D5
Rebenstraße 69 D5
Redingstraße 68 B5
Remisbergstraße 68 C5
Reutistraße 69 E5
Rheinstraße 68 B4
Rieslingstraße 69 D5
Rigistraße 68 C5
Romanshorner Straße 68 C5 - 69 E5
Rosenweg 68 B5
Rosgartenstraße 68 B5
Rosgartenweg 68 B5
Rothausweg 69 D5
Sägerstraße 68 C4
Sandbreite 68 C4
Säntisstraße 68 C4
Saubachstraße 68 B4
Schäflerstraße 69 D5
Schäflerweg 69 D5
Schloßstraße 68 B5
Schmittenstraße 68 B5
Schreiberweg 68 C5
Schulstraße 68 C4-C5
Schützenstraße 68 B4-C4
Schwedenschanze 68 C4
Schwimmbadstraße 69 E5
Seeblickstraße 68 B5
Seefeldstraße 69 E5
Seegarten 69 D5
Seestraße 68 C4
Seetalstraße 68 B5
Seeweg 68 C4 - 69 E5
Seminarstraße 68 C5-D5
Sonnenstraße 68 C4-C5
Sonnenweg 68 C4
Sonnenwiesenstraße 69 D5-E5
Sonnhaldenstraße 68 B5
Staffelweg 68 B5
Stählistraße 68 B5
Steigstraße 69 D5
Steinbruchstraße 68 B5-C5
Steinröhrenstraße 69 E5
Steinweg 68 C4
Storenstraße 68 C5
Suleßhaldenstraße 68 B5
Tägermoosstraße 68 B4
Tägerwilerstraße 68 B4
Tanneggstraße 69 D5
Tellstraße 68 C5
Tobelstraße 68 C5
Traubengässli 68 C5
Trottenstraße 68 C5
Ulmenstraße 68 B5
Unterer Alpweg 68 C5
Unterer Schulweg 68 C4-C5
Unterseestraße 68 B4-C5
Vesperweg 68 C4
Viaduktweg 68 C5
Wasenstraße 68 C5 - 69 D5
Wasenweg 69 D5
Weiherstraße 68 B4
Weinbergstraße 68 C5
Weinstraße 69 D5
Weststraße 68 B4
Wiesenstraße 68 C4

Wiesentalweg 68 B4
Windeggstraße 68 C4
Winzerstraße 68 C5
Wolfackerstraße 68 C5
Wolfackerweg 68 C5
Wöschbachstraße 69 D5
Zelgstraße 69 E5
Zeppelinring 68 B5
Zeppelinstraße 68 B5
Zihlstraße 69 E5
Zollhofstraße 68 B4
Zollstraße 68 C4
Zweigstraße 68 C5-D5

Langenargen
PLZ 88085

Adlerstraße 86 A5
Albert-Schöllhammer-Straße 88 C3
Albert-Schweitzer-Straße 88 B1
Alfreid-Weiß-Straße 88 C3
Alpenblickweg 88 C2
Am Rosenstock 88 B2
Am Schwediwald 88 B1
Amselweg 88 C2
Amthausstraße 88 C2-C3
Andreas-Brugger-Straße 88 B2
Anemonenweg 89 D3
Argenweg 88 C3
Auenweg 89 D2
Bachstraße 89 D3
Bahnhofstraße 88 C2
Bildstock 88 C2
Birkenweg 88 C1
Bleichweg 88 C3
Blumenstraße 88 B2
Brahmsstraße 88 C2
Buchenstraße 88 C1
Buckstraße 88 C2
Colsmanstraße 88 B1
Dahlienweg 89 E1
Dorfstraße 86 A5
Eckenerstraße 88 B2
Eichendorff Straße 88 C3
Eichenweg 88 C1
Eisenbahnstraße 88 B2-C2
Erlenweg 86 A5
Ernst-Lehmann-Weg 88 B2
Eugen-Bolz-Straße 88 B2
Eugen-Kaufmann-Straße 88 C3
Fichtenweg 88 C1
Finkenweg 88 C2
Fischerstraße 88 C3
Flurweg 86 A5
Föhrenweg 88 B1
Friedhofstraße 88 B2
Friedrichshafener Straße 88 B2
Gartenstraße 88 C2
Goethestraße 88 C3
Gräbenen 88 B1
Grubenstraße 88 B2
Hans-Purrmann-Straße 88 B2
Heckenweg 88 B2
Hirschweg 88 B2
Hölderlinstraße 88 C3
Hopfenweg 86 A5
Hungerberg 85 D5
Im Winkel 88 B3
Iriswег 88 C3
Jahnstraße 88 B2
Kanalstraße 89 D2
Karl-Caspar-Straße 88 C2
Kichlerweg 88 B2
Kirchstraße 88 C3
Kirchweg 86 A5
Klosterstraße 88 B2
Kressbronner Straße 89 E1
Krokusweg 88 C3
Krumme Jauchert 88 C2
Lehenweg 89 D2
Lerchenweg 88 C2
Lilienweg 88 C3
Lindauer Straße 88 C3
Lindenweg 88 C1
Ludwig-Dürr-Weg 88 B2
Malerecke 88 C3
Marktplatz 88 B2
Maulbertschstraße 88 B2
Mooser Weg 88 B1
Mooser Weg 85 D5
Mörikestraße 88 C3
Möwenweg 88 C3
Mozartstraße 88 B2
Mühlengärten 88 C3
Mühlesch 88 C2

Mühlstraße 88 C3
Münzhofstraße 88 B2
Narzissenweg 88 C3
Oberdorfer Straße 88 C2
Obere Seestraße 88 B3-C3
Orchideenweg 88 C3
Ortsstraße 86 A5
Öschweg 88 C2
Pappelweg 88 C1
Pfarrer-Eggart-Straße 88 B2
Platz-Bois-le-Roi 88 C3
Primelweg 88 C3
Rosenstraße 88 B1
Sägestraße 86 A4
Salwirkstraße 88 C2
Sankt-Anna-Straße 88 B2
Sankt-Martin-Straße 88 B2
Schillerstraße 88 C3
Schubertstraße 88 C2
Schulstraße 88 B3
Schützenweg 88 B1
Seidenstraße 88 C3
Sonnenweg 86 A5
Starenweg 88 C2
Steigweg 88 B2
Tannenstraße 88 C1
Tettnanger Straße 86 A5
Totenweg 88 C2
Uhlandplatz 88 B3
Untere Seestraße 88 B2
Veilchenweg 88 C3
Von-Kiene-Straße 88 B2
Wanderweg 86 A5
Wiesenweg 88 C2
Zeppelinstraße 88 B1

Lauterach (A)
PLZ 6923

Achsiedlung 96 C5
Achstraße 97 D5-E5
Alte Landstraße 99 D1
Altweg 97 E5
Am Kresserbühel 99 D1
Am Landgraben 99 D2-E2
Am Sportplatz 97 D5
Angerweg 99 D2
Antoniusstraße 99 D1-E1
Apfelgasse 96 C5
Austraße 98 C2 - 99 D1
Bachgasse 98 C1
Bad Lerchenau 98 B1
Badweg 97 D5-E5
Bahnhofstraße 97 D5 , 99 D1
Bahnweg 99 D1
Bäumlegasse 98 C1
Baumweg 97 E5
Biberweg 96 C5
Bienengasse 99 E1
Bildgasse 99 E1
Birngasse 99 D1
Bleicheweg 98 C1
Blumenweg 96 C5
Blütenweg 99 E2
Brückenweg 97 D5
Brunnenweg 97 D5
Buchenweg 98 C1
Bundesstraße B 190 99 D1-D2
Dammstraße 96 C5 - 97 D5
Eichenweg 99 D1
Einodstraße 98 C1
Erlenstraße 98 C1
Eschenweg 99 D1
Falkenweg 99 E2
Feldrain 99 D1
Fellentorstraße 99 D1
Fichtenweg 96 C5
Fischerweg 97 D5
Flotzbachstraße 99 D2
Flötzerweg 97 D5
Flurweg 97 D5 , 99 D1
Forellenweg 96 C5
Forststraße 96 C5
Frühlingsgarten 97 D5
Frühlingsstraße 97 D5
Funkenstraße 98 C2 - 99 D2
Gänsbühl 99 E2
Gartenweg 97 D5
Grabenfeld 99 E2
Grenzstraße 97 E5
Grenzweg 99 E1
Harder Straße 96 C5 - 97 D5
Hasenfeldgasse 99 D2
Herrengutgasse 99 D1-E1
Heufurtweg 96 C5 , 99 D1

Hintergasse 99 D1
Hofsteigstraße 99 D1
Hoheneggerstraße 99 D1-E1
Hubertusweg 99 E2
Im Dorf 99 D1
Im Grül 98 C1
Im Haag 99 D1
Im Steinach 96 C5
Im Wiesengrund 99 E1
Im Winkel 99 D1
Industriestraße 99 D2
Jägerstraße 99 D2
Kaltenbrunnenstraße 96 C5
Kapellenstraße 99 D1
Karl-Höll-Straße 99 D1
Kellhofstraße 99 D1
Keltenstraße 99 E1
Kirchstraße 99 D1
Kleinriedstraße 98 C1
Klosterstraße 99 D1
Kohlenweg 99 D1
Kornweg 96 C5
Kreuzgasse 98 C1
Krummenweg 96 C5
Langegasse 99 D2-E2
Lauteracher Brücke 97 D5
Lerchenauer Straße 98 B1 - 99 D1
Lindenweg 99 D2
Lochbachstraße 96 C5
Löhrenweg 99 E1
Mäderstraße 98 C1
Montfortplatz 99 D1
Morgenstraße 99 E2
Mühlestraße 98 C1
Neubaugasse 96 C5
Neudorfstraße 98 C1
Neuweg 97 E5
Niederfeldstraße 98 C1
Niederhof 99 D1
Pariser Straße 99 D1
Pilzweg 97 E5
Pohlweg 99 D1
Pulverturmstraße 98 C2
Quellengasse 98 C1 - 99 D1
Raiffeisenstraße 99 D1
Rebengasse 99 D1
Reitschulstraße 97 D5
Riedstraße 98 C1
Rosenweg 99 D1
Sackstraße 98 B2
Sägerweg 99 D1
Sandgasse 99 D2
Scheibenstraße 99 D2
Schmiedgasse 99 D1
Schulstraße 99 D1
Schützenweg 99 D2
Sonnenstraße 99 D2
Staufnerweg 99 D1
Steinfeldgasse 98 C1
Steinweg 99 D2
Thaläckerstraße 97 D5 - 99 D1
Tränkeweg 99 C1
Uferweg 96 C5
Unterer Schützenweg 98 C1
Unterfeldstraße 96 C5 - 99 D1
Vorachstraße 98 C2
Wälderstraße 99 D1-E2
Wasserweg 96 C5
Weidachstraße 97 E4
Weingartstraße 98 C1
Wolfurter Straße 99 D1-E1

Lindau am Bodensee
PLZ 88131

Achbuchweg 92 A2
Achrainweg 92 A5
Achstraße 94 B2
Adalbert-Stifter-Straße 95 D3
Aeschacher Markt 94 A2
Aeschacher Ufer 94 A2
Akazienweg 92 A3
Albert-Schweitzer-Straße 94 B1
Alter Schulplatz 94 A3
Alter Schulweg 92 A3
Alwindstraße 93 E2
Am Alpenblick 92 A2
Am Büchel 94 C1
Am Emersberg 92 A2
Am Entenberg 94 A1
Am Hang 94 A2
Am Lehenacker 91 E3
Am Rehberg 94 B2
Am Schloßberg 92 A3
Am Schönbühl 92 B5

Am Torggel 94 A2
An der Kalkhütte 94 A3
An der Steig 92 A2
Anheggerstraße 94 A2
Auenstraße 94 C2
Auf dem Hasenbank 94 B1
Auf dem Wall 94 A3
Auf der Egg 91 F5
Auf der Mauer 94 A3
Bachweg 95 D2
Bäckergasse 94 A3
Badstraße 93 F2
Bahnhofplatz 94 A3
Bahnweg 92 A3
Bantingstraße 94 C2
Barfüßerplatz 94 A3
Bäuerlinshalde 94 C2 - 95 D2
Bayerstraße 95 D2
Bazienstraße 94 B2
Berliner Platz 94 B2
Bindergasse 94 A3
Binsenweg 94 C2
Birkachstraße 91 F2
Blaukreuzstraße 94 C2
Bleicheweg 94 B2
Bodenseestraße 92 A3
Börsenreutiner Steig 95 D2
Bräuweg 94 C1
Bregenzer Straße 94 B3 - 95 D3
Breite Straße 95 D3
Brettermarkt 94 A3
Brougierstraße 94 A2
Büchele-Wiesenweg 94 C1
Bühlweg 94 A2
Bürgermeister-Thomann-Weg 94 A2
Burggasse 94 A3
Burstergasse   94 A3
Buttlerhügel 94 C2
Chelles-Allee 94 A3
Cramergasse 94 A3
Dammgasse 94 A3
Dammsteggasse 94 A3
Danziger Weg 94 B2
Degelsteinweg 93 E2
Dennenmoosstraße 93 E2
Dentenweiler Straße 92 A2
Domagkstraße 94 C2
Dr.-Überreit-Straße 94 B1
Dreierstraße 93 F3
Dunkelbuchweg 92 A3
Eichbühlweg 94 A1
Eichwaldstraße 95 D3
Enzisweilerstraße 93 F1
Erlachweg 92 C5
Eulenloch 94 A1
Europaplatz 94 A3
Exerzierweg 94 B2
Färbergasse 94 A3
Felsgässele 94 A3
Fischergasse 94 A3
Flemingstraße 94 C2
Fraunhofer Straße 95 D4
Freihofstraße 94 C2
Friedhofweg 94 C1
Friedrichshafener Straße 93 F1
G.-L.-Bernadotte-Straße 93 F3
Gängle 94 C1
Gerhart-Hauptmann-Straße 95 D3
Giebelbachstraße 94 A2
Grenzsiedlung 95 E4
Grubachweg 93 F1
Gruberweg 93 F2
Gstäudweg 94 A1
Gustav-Freytag-Straße 95 E4
Hammerweg 94 C1
Hangnachweg 95 E2
Hasenweidweg 94 A2
Heckenweg 94 A2
Heidenmauer 94 A3
Heldenweg 93 F1
Hepachstraße 91 F3
Herbergsweg 94 B2
Hermann-Löns-Weg 95 E3
Heuriedweg 94 C2
Heyderstraße 94 A2
Hintere Fischergasse 94 A3
Hintere Insel 93 F3
Hintere Metzgergasse   94 A3
Hochbucher Weg 94 A1
Hofstattgasse 94 A3
Holbeinstraße 94 A1
Holdereggenstraße 94 A2
Hoyerbergweg 93 F1
Hundweilerplatz 94 B2
Hundweilerstraße 94 B2
Im Angen 92 A3

Im Holben 94 A2
Im Kürzenen 93 F2
Im Vogelsang 94 A2
Im Wiesengrund 93 F1
Im Wiesental 94 A2
Immanuel-Kant-Straße 95 D4
Immenreich 94 A1
In der Grub 94 A3
In der Hofstatt 94 A3
Innerer Siedlerweg 95 D4
Inselgraben 94 A3
Irisweg 95 D4
Joseph-von-Eichendorff-Straße 95 D3
Jungfernburgstraße 94 A2
Kälberweidweg 94 B2
Kapellenweg 93 F1
Karl-Bever-Platz 94 A3
Karl-Sting-Straße 94 A2
Karl-Wolfart-Straße 94 B2
Kaserngasse 94 A3
Kellereiweg 91 F5
Kemptener Straße 92 B5 - 94 B2
Kickengässele 94 A3
Kirchgasse 94 A2
Kirchplatz 94 A3
Klosterweiherweg 94 B1
Köchlinstraße 94 B2
Kolpingstraße 94 A3
Kopernikusplatz 95 D4
Krölstraße 94 A2
Kronengasse 94 A3
Krummgasse 94 A3
Kupferschmiedeweg 94 C1
Ladestraße 94 A3
Lagerhausstraße 94 C2
Landhausweg 93 F1
Langenweg 94 A3
Lärchengasse 94 A2
Laubeggengasse 94 A2
Lehmgrubenweg 95 D3
Leiblachstraße 95 D4
Leuchtenbergweg 95 D3
Liebträgerweg 93 E2
Lindenhofweg 93 E2
Linggstraße 94 A3
Lotzbeckweg 94 A2
Ludwig-Kick-Straße 94 B1
Ludwigstraße 94 A3
Lugeckstraße 94 C2
Marienplatz 92 A3
Marktplatz 94 A3
Mautgässele 94 A3
Max-Halbe-Weg 95 D3
Maximilianstraße 94 A3
Max-Planck-Straße 94 C2
Max-von-Laue-Straße 95 D2
Memelweg 94 B1
Motzacher Haldenweg 94 C1
Motzacher Weg 92 C5 - 94 C1
Mühlweg 95 D2
Münchhofstraße 94 C2
Naeherweg 94 A2
Nobelstraße 94 C2
Obere Sonnhalde 92 A3
Obereitnauer Straße 92 A5
Oberhochstegstraße 95 D2
Oberrengsweiler Weg 92 B5
Oberreutiner Weg 94 C2
Oeschländer Weg 93 F2
Oskar-Groll-Anlage 94 A3
Otto-Geßler-Straße 94 B1
Otto-Hahn-Straße 94 C2
Paradiesplatz 94 A3
Paradiesweg 92 A3
Parkweg 92 A3
Pestalozziring 94 B1
Pfaffengässele 94 A3
Pfannenweg 94 B1
Pfarrweg 92 A3
Pfeiffergässele 94 A3
Poststraße 93 F1
Preisingerweg 94 A1
Privatweg 94 B2
Pulvertobelweg 94 C1
Rebweg 93 F1
Rehbergweg 94 B2
Reinhausgasse 94 B2
Reinwaldstraße 94 A2
Rennerle 94 B1
Reutiner Straße 94 B2-C2
Rickenbacher Straße 94 B2-C2
Riedweg 94 C2
Riggersweiler Weg 94 C1
Robert-Bosch-Straße 95 D3
Röntgenstraße 94 C1 - 95 D1
Roßweidweg 94 B2

Rothmoosstraße 94 B1
Rot-Kreuz-Platz 94 A3
Rüberplatz 94 A3
Salzgasse 94 A3
Schachener Straße 93 F2
Schanzgasse 94 A3
Schloßstraße 92 A3
Schmiedgasse 94 A3
Schneeberggasse 94 A3
Schneehalde 94 A1
Schoblochweg 94 B2
Schönauer Straße 91 F6
Schöngartenstraße 94 A1
Schrannenplatz 94 A3
Schulstraße 94 C2
Schützlingerweg 93 F3
Schweitzerhofweg 94 B2
Schwesternberg 93 F2
Seebrücke 94 A3
Seeheim 94 B3
Seepromenade 94 A3
Sennhofweg 94 B1
Simmerbuchstraße 93 F2
Sonnenhaldenweg 94 B1
Sonnenweg 94 A2
Sorgersweg 92 A5
Spengelinweg 94 A2
Spielgerweg 93 F2
Spitalmühlweg 94 B1
Stegmühlenweg 94 B2
Steighalde 94 C2
Steigstraße 94 C2
Stiftsplatz 94 A3
Stockartsbühl 94 A1
Storchengasse 94 A3
Streitelsfinger Straße 94 C1
Stromayrweg 94 A2
Sulzenbergstraße 92 A3
Tannhofweg 94 B2
Thierschbrücke 94 A3
Thierschstraße 94 A3
Tobelstraße 92 A5 - 94 A1
Untere Sonnhalde 92 A3
Unterreitnauer Straße 91 F3
Von-Behring-Straße 95 D3
Von-Lossow-Straße 94 B3
Vordere Metzgergasse 94 A3
Wackerstraße 94 A2
Walburger Weg 95 D4
Waldlehrpfad 92 C5
Wannental 94 C2 - 95 D2
Webergasse 94 A2
Weihenstraße 94 A2
Weinbergweg 93 F1
Wiedemannstraße 94 C2
Willeweg 94 B1
Zechwaldstraße 95 D4
Zeppelinstraße 94 A3
Zeughausgässle 94 A3
Zitronengasse 94 A3
Zwanzigerstraße 94 A3

Lochau (A)

PLZ 6911

Alberlochstraße 95 F5
Althausen 95 F5
Althofenweg 95 F4
Am Dorfplatz 95 F5
Am Hoferfeld 95 F5
Am Reutelebach 95 F4
Am Rintl 95 F5
Am Ruggbach 95 E5
Am Stein 97 F1
Am Tannenbach 97 F2
Bahnhofstraße 95 E5-F5
Bäumle 95 E5
Bergerstraße 95 F1
Birkenweg 95 F4
Blumenstraße 95 F5
Brauerweg 95 F5
Bregenzer Straße 97 F1-F2
Burggräfler Straße 95 F5
Dr.-Huber-Straße 95 F4
Dr.-J.-Feßler-Straße 95 E5
Eichenberger Straße 95 F4
Erlenstraße 95 F4
Eschach 95 E4
Feldweg 95 E5
Flurstraße 95 F4
Funkenweg 95 F5
Gartenstraße 95 F5
Gehren 97 F2
Hausreuteweg 97 F1
Hofackerstraße 95 E5

Hofer Straße 95 F4
Hofriedenstraße 95 F4
Hörbranzer Straße 95 E4
Im Hofacker 95 F5
Kalköfenweg 95 E5
Klausmühle 97 F2
Köhlerweg 95 E5
Kugelbeerweg 95 F5
Kurzglend 95 E5
Landstraße 95 F5 , 97 F1
Laurinweg 95 F5
Lindauer Straße 95 E5 , 97 F1
Neue Schanze 97 F2
Pfänderstraße 95 F5 , 97 F1
Rebhügel 95 F5
Ruggburgstraße 95 F4
Schanzweg 97 F2
Schwedenhang 97 F2
Schwedenweg 95 F4-F5
Seehofweg 97 F2
Seilerstraße 95 F4-F5
Sonnenhalde 95 F4
Sudetenstraße 95 F4
Südtiroler Straße 95 F5
Tannenstraße 95 E5
Toni-Russ-Straße 95 F4
Uferpromenade 97 F1
Unterhalden 95 F5
Weidenweg 95 F4
Weiherweg 95 E5
Wellenau 97 F2
Wiesenweg 95 E5

Lustenau (A)

PLZ 6890

Rheindammstraße 117 F5

Lutzenberg (CH)

PLZ 9405, 9426

Appenzellerstraße 115 E5

Mammern (CH)

PLZ 8265

Ampelstraße 106 A5
Ampelweg 105 F5
Bachweg 105 F5
Bahnhofstraße 105 F5
Breitistraße 105 F5
Fridliweg 105 F5
Gemverweg 105 F5
Hauptstraße 105 F5 - 106 A5
Hechlerstraße 105 F5
Huebackerstraße 105 F5
Huebgartenstraße 105 F5
Huebstraße 105 F5
Liebenfelsstraße 105 F5
Moosackerstraße 105 F5
Müligartenstraße 105 F5
Oberhofstraße 105 F5
Ringstraße 105 F5
Seehaldestraße 106 A5
Seestraße 105 F5
Störenbergstraße 105 F5
Torggelstraße 105 F5
Untere Ringstraße 105 F5

Markdorf

PLZ 88670

Ahauser Straße 72 B1
Albert-Schweitzer-Sraße 53 E5
Am Alzenberg 53 D4-E4
Am Bildbach 53 E4
Am Holzberg 53 D2
Am Kreuzgräben 53 E2
Am Neusatz 53 F4
Am Ramsberg 53 E4
Am Sportplatz 53 E5
Am Stadtgraben 53 E4-F4
Andreas-Strobel-Straße 72 B1
Anton-Reichle-Straße 54 A4
Auenstraße 53 F4
Azenbergstraße 72 B1
Bahnhofstraße 53 F4
Bergheimer Straße 53 F5 - 54 A5
Bergstraße 54 B4
Bernhardstraße 53 E4
Biberacherhofstraße 53 E4
Breite Gasse 53 F4

Ü Sömmeringstraße 77 E3
L Sonnenstraße 77 E3-F3
L Staufenstraße 77 E1
L Steinackerweg 77 D4
V Talstraße 77 F3
V Tettnanger Straße 77 F2 - 78 B3
V Tobelstraße 77 D5
V Töpferweg 77 E1
Z Tulpenweg 77 F3
Z Tunnelweg 77 E3
Z Uferweg 77 E3
Ulmenweg 77 D4
F Urban-Lidl-Weg 57 E5, 77 E1
E Van-Beethoven-Straße 77 F2
Van-Gogh-Straße 77 F1 - 78 A1
F Veilchenweg 77 F3
Verenaweg 77 E3
Vollochstraße 77 E2
A Wacholderweg 77 F2
A Wasenweg 77 E3
A Weberstraße 77 E1
A Weidengasse 77 D4
A Weiheresch 77 D4
A Weinbergweg 58 C5
A Welfenstraße 77 E1
A Werdenbergstraße 77 D1
A Wiesengrund 77 D4
A Wiesentalstraße 77 F2
A Wiesenweg 77 E2-F1
A Zanderweg 57 E5, 77 E1
A Zeisigweg 77 E1
A Ziegelweg 77 E3-F3
A Zollernstraße 77 E1
A

Meersburg

PLZ 88709

A Allmendweg 70 C1
A Alte Landstraße 71 D2
A Alter Ortsweg 71 D1
A Am Rosenhag 71 D2
C Am Sentenhard 70 C2
C Am Stadtgraben 70 C2
E Am Weiher 71 D2
E Andreas-Doll-Straße 70 B1
E Auf dem Hirtle 70 C1
E Auf der Ergeten 70 C1
E Bachgasse 70 C2
E Baitenhauser Straße 71 D1
E Bildackerweg 51 D4
E Bismarckplatz 70 C2
E Bleicheplatz 70 C2
E Breite 71 D2
E Burgundertreppe 70 C2
E Daisendorfer Straße 70 C1
E Dornerweg 70 C1
E Dr.- Moll - Platz 70 C2
E Dr.-Zimmermann-Straße 70 B1
E Droste-Hülshoff-Weg 70 C2
E Egelseeweg 71 D3
E Elblingweg 70 C1
E Ergeten 70 C1
E Finkenweg 70 B1
E Fohrenberg 70 C1
E Fohrenbergweg 70 C1
E Gebhardsweiler Straße 50 C4 - 51 D4
E Gehautobel 70 B1
E Gehauweg 70 B1
E Glasenhäusleweg 70 B1
E Glockengießerweg 70 B1
E Grasbeurer Straße 51 E4-E5
E Hans-Dieter-Straße 70 B1
E Hauptstraße 51 E4-E5
E Hechtweg 70 C1
E Hermann-Schwer-Straße 71 D2
E Himmelbergweg 70 C2
E Hintere Lehren 70 C2
E Hirtleweg 70 C1
C Höhenweg 71 D2-D3
C Höllgasse 70 C2
C Holzerbergweg 51 E5
C Holzgasse 51 E5
E Im Heppach 71 D2
E Im Priel 51 E4-E5
E Im Weinberg 70 C2
E Kapellenweg 51 E5
E Kirchplatz 70 C2
E Kirchstraße 70 C2
E Kirchweg 51 E5
E Klingleweg 70 C2
E Kronenstraße 71 D2
E Kunkelgasse 70 C2
F Kuralle 70 C1
F Lehrenweg 70 C2
F Lerchenweg 70 C1

Lichtenwiesen 70 B1
Lindenweg 70 C2
Louvecienner Weg 50 C5 - 70 C1
Marktplatz 70 C2
Mauthnerweg 70 C2
Meisenweg 70 B1
Menizhoferweg 70 C2
Mesmer Straße 70 C2
Mühlhofer Straße 50 C3-D4
Obere Roggenlehen 50 A5
Obere Waldstraße 70 C1
Oberer Schützenrain 70 B1
Obertor 70 C2
Ortsstraße 51 D4
Rebhalde 70 C2
Riedstraße 51 D4
Rieschentreppe 70 C2
Rieslingweg 70 C1
Schiggendorfer Straße 51 D4-E4
Schloßbühlweg 51 E5
Schloßplatz 70 C2
Schützenstraße 70 C2
Seepromenade 70 C2
Silvanerweg 70 C2
Simon-Weinzürn-Straße 70 C2
Sonnhalde 71 D2
Spitalgasse 70 C2
Stefan-Lochner-Straße 70 C2
Steigstraße 70 C2
Stettener Straße 70 C2 - 71 D2
Töbelstraße 71 D2
Torenstraße 71 D2
Uferpromenade 70 C2
Uhldinger Straße 70 B1-C2
Untere Waldstraße 70 C1
Unterer Schützenrain 70 B1
Unterstadtstraße 70 C2
Von-Laßberg-Straße 70 C2
Vorburggasse 70 C2
Winzergasse 70 C2

Moos

PLZ 78345

Am Graben 43 D4
Am Hang 43 D5
Am Mühlbach 43 D5
Am Vogelsand 61 E1
Amselweg 43 D5
Bankholzerstraße 43 D5
Bettnanger Straße 61 E1
Birkenweg 42 B3
Bohlinger Straße 42 B3
Böhringer Straße 42 B3
Bühlsteig 43 E5
Deienmooserstraße 42 B5 - 60 C1
Dorfstraße 42 C3
Dörnenweg 42 B3
Eichweg 42 B4
Feldstraße 42 B4
Flurweg 43 D5
Franz-Anton-Mesmer-Straße 43 D5
Friedhofstraße 42 B3
Gartenstraße 43 D5
Gewerbestraße 42 C4
Hafenstraße 43 D5
Haldenweg 43 D5
Hauptstraße 43 D5 - 61 E1
Heerenweg 42 B5
Hegaustraße 42 B5
Höristraße 43 D4-D5
Im Bündt 42 B5
Im Loh 42 B5 - 60 C1
Im Moosfeld 42 B4
Im Waibelgarten 61 E1
Im Weinberg 43 D5
Im Winkel 42 B5
In den Reben 42 B5
In der Burg 61 E1
Iznanger Straße 42 C4
Kaiserstraße 42 B4
Kirchgasse 43 D5
Kirchstraße 42 B3-C3
Kurze Gasse 43 D4
Lange Gasse 43 D4-D5
Lerchenweg 61 E1
Libellenweg 43 D4
Mooswaldstraße 42 C4
Mühlbachweg 43 D5
Mühlestraße 42 B4
Obere Reute 42 C4
Petergasse 42 B5
Radolfzeller Straße 42 C2
Rebsteig 43 D5
Ringstraße 43 D4

Rütistraße 42 C4
Sandäcker 42 B5 - 60 C1
Schienerbergstraße 42 B5
Schildgasse 61 E1
Schorengasse 43 D5
Schulstraße 42 B5
Seestraße 43 E4
Sonnenhalde 43 D5
Steinerweg 42 B5
Strandbadstraße 43 E5
Strandweg 42 C3
Uferstraße 43 D4
Unter Eichen 43 D4
Vordere Hörlstraße 42 C5
Weiler Straße 43 D5

Mörschwil (CH)

PLZ 9402

Aachenstraße 112 A4
Augartenstraße 112 A5
Blumenhaldestraße 112 B5
Büelstraße 112 A4
Fahrnstraße 112 A5
Horchentalstraße 112 A4
Megenmülistraße 112 B4
Rorschacher Straße 112 A5-B5
Schulstraße 112 A5
Waldeggstraße 112 B4

Münsterlingen (CH)

PLZ 8596, 8597

Alte Landstraße 108 B2-C3
Alte Vorderdorfstraße 108 A4
Bachstraße 108 A4-C2
Bahnhalde 108 B1
Bahnweg 108 B1
Bottighoferstraße 108 B1-B2
Bromstraße 108 B2
Buechenstraße 108 B2-C2
Bündtstraße 108 B2
Buregasse 108 B2
Dorfstraße 108 B1
Eggässli 108 B1-B2
Engerzelgstraße 108 A4
Hafenstraße 108 B1
Hasenrütistraße 108 B2
Hinterdorfstraße 108 C2
Im Bachacker 108 A4
Im Chelhof 108 C2
Im Seegarte 108 A3-C2
Kleelistraße 108 B2
Klosterstraße 108 B2
Leonhardrain 108 C2
Luggenackerstraße 108 B1
Manaustraße 108 C2
Manauweg 108 C2
Mörgelistraße 108 B2
Mövenweg 108 A3-A4
Müligass 108 C2
Müslenstraße 108 C2
Näggenbergstraße 108 B2-C2
Neusatzstraße 108 B1
Oberer Seeweg 108 A3
Rebhaldenstraße 108 B1
Reuschenstraße 108 A4
Rohrenzelgstraße 108 B2
Schulstraße 108 A4-C2
Seedorfstraße 108 A3
Seegasse 108 A4
Seestraße 108 A4-B2
Seeweg 108 B4-C1
Seewiesenstraße 108 A4
Sonnhalde 108 C2
Spitalstraße 108 C2
Spychernstraße 108 B2
Studenrütistraße 108 B1-B2
Teupetackerweg 108 C2
Tobelbachstraße 108 B2
Vorderdorfstraße 108 A4-C2
Weiherstraße 108 B2

Neuhausen am Rheinfall (CH)

PLZ 8212

Allewindenstraße 102 C5
Alpenstraße 102 B5
Alte Straße 102 C5
Armsünderweg 102 B5
Bärenwiesli 102 A5

Beckenburgstraße 102 B5
Bergstraße 102 B5
Bohnenbergstraße 102 B5
Brünnliaufstieg 102 B5
Brünnlistraße 102 B5
Büchelerstraße 102 B5
Buchenbüelstraße 102 A5
Buchenstraße 102 B4-B5
Charlottenweg 102 B5-C5
Dachslöcherstraße 102 A5
Dorfstraße 102 C5
Echostraße 102 C5
Einschlagstraße 102 B5
Enge Hochebene 102 B4
Engefluhstraße 102 B5
Engestraße 102 B5
Engewaldweg 102 B4
Felsstraße 102 B5
Friedaugässchen 102 C5
Goldbergstraße 102 B5
Gründenstraße 102 C5
Haldenstraße 102 C5
Hegaustraße 102 B5
Höhenstraße 102 C5
Hohenweg 102 B5-C5
Hohfluhstraße 102 B5
Klettgauer Straße 102 B5
Krummstraße 102 B5
Kurzstraße 102 C5
Lerchenstraße 102 B5
Löwensteinstraße 102 C4
Mittlere Hangstraße 102 B5
Nelkenstraße 102 B5
Neuhauser-Schiltli-Straße 102 C5
Neusatzstraße 102 B5
Philippenweg 102 C5
Quellenstraße 102 B5
Rabenfluhstraße 102 C5
Randenstraße 102 B5
Rebbergstieg 102 C5
Rheinuferweg 102 C5
Rheinweg 102 C5
Ringstraße 102 A5-B4
Rosenbergstraße 102 B5
Sägereistraße 102 B5
Schaffhauser Straße 102 C5
Schöneggstraße 102 B5
Schwanenfelsstraße 102 B5
Sonnenbergstraße 102 B5
Stantenweg 102 C5
Steinhölzlistraße 102 C5
Tannenstraße 102 B5
Trubegüetlistraße 102 C4
Trubegüetliweg 102 C4
Trüllengasse 102 C5
Trüllenweg 102 C5
Untere Hangstraße 102 B5
Winterthurer Straße 102 C5
Wolfsgrubenstraße 102 A5
Zelgstraße 102 B5
Zentralstraße 102 C5
Zubastraße 102 B5-C5

Nonnenhorn

PLZ 88149

Am Guudelsberg 90 B4
Am Lerchentorkel 90 B5
Am Nonnenstein 90 A4
Am Steinacker 90 B4
Auf der Halde 90 B5
Bahnhofstraße 90 B5
Baumgartenstraße 90 B5
Conrad-Forster-Straße 90 B5
Forstgartenweg 90 A5
Im Ängerle 90 A5
Im Gehren 90 B5
Im Josenhaus 90 A5
Im Paradies 90 B5
Im Schneckenwinkel 90 B5
In den Erlen 90 B5
Kapellenplatz 90 A5
Klosterweg 90 A5
Langgasse 90 B5
Mauthausstraße 90 B5
Richtweg 90 B5
Schererweg 90 B5
Seehalde 90 A5
Seerosenweg 90 A4
Seesteig 90 B4
Seestraße 90 A5
Sonnenbichlstraße 90 B5
Uferstraße 90 A5
Wasserburger Straße 90 B5

Im Gässli 104 B3
Im Hofacker 104 A3
Im Laa 104 A3
Im Schloß 104 B3
Im Schwarzloch 104 A3
Im Weingarten 104 A4
Im Zelgli 104 A4
Käserei Straße 104 A3A4
Mühlenstraße 104 A3
Neuhusweg 104 A4
Obere Giger 104 A5
Propstei 104 A3
Rheinweg 104 B3
Sägegasse 104 A4
Sägestraße 104 A4
Schäferwiesen 104 A4
Schmittenstraße 104 B3
Späckhofstraße 104 A5
Stammheimerstraße 104 A5
Steinbachstraße 104 A4
Tachebrunnestraße 104 A4
Undere Giger 104 A5
Untere Laa 104 A3
Unterer Brühl 104 A3
Wolfwinkelstraße 104 A5
Zum Steinbach 104 A5
Zündstraße 104 A4

Wangen im Allgäu
PLZ 88239

Ahornweg 81 E2
Albert-Schweitzer-Weg 81 D3
Albertus-Magnus-Weg 81 D4
Allmandweg 80 C2
Allwetterplatz 80 C3
Alois-Leuchte-Weg 81 E3
Alpenstraße 80 C4
Altmannweg 80 B4
Am Argenweg 81 D4
Am Bächle 80 B1
Am Bleichehof 81 D4
Am Engelberg 81 D3-E3
Am Epplinger Bach 81 E4
Am Erlenbach 80 A5
Am Gehrenberg 81 D4
Am Haidhof 80 C2
Am Hang 81 E2
Am Kapellenberg 80 A5
Am Klösterle 81 D4
Am Knöbele 81 E3
Am Maierhof 80 C4
Am Mühlbach 81 D1-E1
Am Rain 81 E2
Am Siemensstraße 80 C2
Am Veilchenbühl 80 B1
Am Vogelherd 81 D2
Am Waldberg 80 B1-C1
Am Waltersbühl 80 C2
Am Wiesengrund 80 B1
Amselweg 80 C2
Andreas-Rauch-Straße 80 C2
Andreasstraße 80 A5
Argenauweg 80 C1
Argenufer 81 D3-D4
Argonnenstraße 80 C4
Atzenberg 81 D4
August-Braun-Straße 80 C2
August-Lämmle-Weg 80 C3
Aumühleweg 80 C4
Auwiesenweg 80 C4
Bahnhofstraße 80 C3
Bahnhofweg 80 C3
Banatstraße 80 B2
Barbenweg am Ager 81 E4
Bärengäßle 80 C4
Bergstraße 80 A5
Bindstraße 81 D3-D4
Birkenstraße 80 A5
Blumenstraße 80 B5
Boberweg 80 C2
Boelckeplatz 80 C3
Boelckestraße 80 C3
Braugasse 80 C3-C4
Bregenzer Straße 81 D4
Brühlweg 81 D3
Buchweg 81 D3
Carl-Friedrich-Benz-Weg 81 D4
Christian-Crimmer-Weg 80 C2
Christian-Fopp-Straße 80 C4
Daimlerweg 81 D4
Danneckerweg 81 D4
Donaustraße 80 B2
Dr.-Hehle-Weg 80 A5-B4

Dreischwesternweg 80 B4
Ebnetstraße 81 D4
Eibenweg 81 E2
Einsteinweg 81 B3
Elitzer Straße 80 B5
Epplinger Halde 81 E4
Erzbergerstraße 81 D4
Feldbergweg 80 B4-C4
Felderstraße 80 A5
Felix-Mendelsohn-Weg 80 B3
Fichtenstraße 80 A5
Finkenweg 80 C2
Flandernstraße 80 C4
Forellenweg 81 E4
Franz-Joseph-Spiegeler-Straße 80 C2
Frauentorplatz 80 C4
Fraunhoferstraße 81 D4
Freiherr-von-Eichendorff-Straße 80 B3
Friedhofweg 81 D4
Friedrich-Ebert-Straße 81 D3-D4
Galgenbühl 80 C4
Galileiweg 81 D4
Gallusstraße 81 D3
Gegenbaurstraße 80 C3
Gehrenbergweg 80 C4
Georgentorgasse 81 D4
Gerbergasse 81 D4
Goldbachweg 80 C2
Gottesackerweg 80 C3-C4
Grüntenweg 80 C4
Guggerberg 81 D3
Gustav-Freytag-Straße 80 B3
Gustav-Schwab-Weg 80 C3
Gütleweg 80 C4
Hädrichweg 80 C4
Haidösch 80 C3
Hans-Schnitzer-Weg 80 C3
Hans-von-Stall-Straße 80 B3
Hans-Zürn-Straße 80 C2
Hasenwaldweg 80 C2
Hasenweg 81 D1
Haslachweg 81 D4
Hauffweg 80 C3
Herfatzer Hof 80 B1
Herrenstraße 80 C3
Herzmannser Weg 80 C4-C5
Hinderofendorfweg 80 C3
Hochgratweg 80 C3
Holbeinweg 81 D4
Hölderlinweg 80 C3
Hugo-Wolf-Weg 80 B3
Humbrechtser Straße 80 B3-C3
Im Ebnet 81 D4
Im Grund 80 C3
Im Niederdorf 80 C3-C4
Im unteren Feld 80 A5
Im Urtel 80 C3-C4
Im Weißen Bild 80 C3
Immelmannstraße 80 C3
Isnyer Straße 81 D4
Isonzoweg 80 C4
Jahnstraße 80 C4
Johannes-Brahms-Weg 80 B3
Johannes-Jung-Straße 80 C3
Jörg-Wizigmann-Weg 80 C2
Kanalweg 80 C4
Kapellenweg 80 B1
Karl-Hirnbein-Straße 80 C3
Karl-Saurmann-Straße 80 C2
Karl-Speidel-Straße 80 C2-C3
Karlstraße 81 D4
Karpatenweg 80 C4
Karpfenbachweg 81 D3
Katzbachweg 80 C2
Keplerweg 81 D4
Kernerweg 80 C3
Kirchplatz 81 E2
Klosterbergstraße 81 D4
Kneippweg 80 D3
Kohlplatz 81 E4
Kolpingstraße 80 C2
Kopernikusstraße 80 C4
Kreuzkellerweg 81 D4
Kreuzplatz 81 D4
Kühler Brunnen 80 C2
Kurzer Weg 81 D4
Lange Gasse 81 D3-D4
Lehmgrubenweg 80 B2
Lerchenweg 80 C2
Leupolzer Straße 80 B1
Leutkircher Straße 81 D2-D3
Liebigstraße 80 C4
Lindauer Straße 80 B4-C4
Lindenstraße 80 C3
Louise-Aston-Straße 80 B3
Marktplatz 80 C3

Marneweg 80 C4
Martinstorplatz 80 C4
Masurenstraße 80 C2
Mauthausweg 81 D4
Max-Eyth-Straße 80 C3
Max-Fischer-Straße 80 C2
Max-Planck-Weg 81 D4
Memelstraße 80 B2
Morfstraße 80 C4
Mörickeweg 80 C3
Mühlweg 80 A5
Nelkenstraße 80 B5
Nieratzer Weg 80 C3
Oberauer Weg 81 D1
Obere Dorfstraße 81 E2
Oderstraße 80 B2-C2
Oflingser Weg 81 E2
Ortsstraße 80 A5
Paracelsusweg 81 D3
Paradiesstraße 80 C4
Paulus-Alt-Weg 80 C2
Peter-Dörffler-Straße 80 C3
Pettermandstraße 81 D4-E4
Pfänderweg 80 C3-C4
Pfannerstraße 80 C2-C3
Postgasse 80 A5
Poststraße 80 C3
Präßbergstraße 80 C2-C3
Prato Straße 80 B3
Professor-Bolter-Straße 81 D4
Ratzebergweg 81 D4
Ravensburger Straße 80 C2-C3
Richthofenstraße 80 C3-C4
Rindalphornweg 80 B4-C4
Robert-Koch-Weg 81 D3
Robert-Mayer-Straße 81 D4
Robert-Schumann-Weg 80 B3
Rosenweg 80 B5
Roßgasse 81 D4
Rotgerberweg 81 D3-D4
Rubertus-Neß-Straße 80 C2
Rübezahlweg 80 C2
Rudolf-Steiner-Straße 80 C4
Sailerweg 80 C3
Sandholzstraße 80 B2
Säntisweg 80 C3-C4
Schäferhofweg 81 D3
Scheffelweg 80 C3
Scherrichmühlweg 81 D3
Schickhardtstraße 81 D4
Schießstattweg 81 D3
Schillerstraße 80 C3
Schmiedstraße 81 D3
Schönhalde 81 D3
Schubartweg 80 C3
Schulstraße 80 A5
Schultheiß-Trenkle-Straße 81 D4
Schützenweg 80 A5
Schwarzwaldweg 80 C4
Seehaldeweg 81 D4-D5
Seelhausweg 80 C4
Siebenbürgenstraße 80 B2-C2
Sigmannserweg 81 E4
Silcherweg 80 C3
Simoniussteige 81 D4
Simoniusstraße 81 D4-E4
Sommeweg 80 C4
Sonnenrain 81 E4
Spatzenhalde 80 C3
Spinnereistraße 80 C4
Spitalstraße 81 D3
Steibisberger Weg 81 E2-E3
Stuibenweg 80 B3-B4
Sudetenstraße 80 C2
Südring 80 C4 - 81 D4
Taborweg 80 A5
Tödiweg 80 B4-C4
Trenklestraße 81 D4
Triftser Weg 80 B1-C1
Tulpenweg 80 B5
Uhlandweg 80 C3
Ulrich-Rösch-Weg 80 C3
Untere Dorfstraße 81 E2-E3
Verdunweg 80 C3-C4
Vogesenstraße 80 C4
Waldburgweg 80 C3
Wälderstraße 80 A5
Waldhofplatz 81 D4
Waldweide 81 E4
Webereiweg 80 C4
Webergasse 81 D4
Weißgarberweg 81 D4
Wermeisterweg 80 C2
Widdersteinweg 80 C4
Wielandstraße 80 C3
Wilhelm-Schussen-Weg 80 C3

Wittwaisstraße 80 B2-C2
Wolfazer Weg 81 E3
Wolfgangstraße 80 C4
Wolfgangweiher 81 D4
Wolfweg 81 E3
Zeppelinstraße 80 C3-C4
Zunfthausgasse 81 D3
Zur Wanne 81 E4

Wasserburg
PLZ 88142

Am Torggel 90 C5
Am Weiher 90 C5
Am Weinberg 93 D2
Bachweg 93 D1
Bahnhofstraße 90 C5
Bildgasse 91 D5
Birkenriedstraße 93 D1
Brunnengasse 93 D1
Dorfstraße 91 D5
Friedrichshafener Straße 90 C5 , 91 D5
Fuggerstraße 93 E1
Gartenweg 90 C5
Halbinselstraße 93 F5
Hasenäcker 90 C5
Hengnauer Straße 91 D5
Höhenstraße 93 D1
Holtnauer Straße 90 C4
Im Grempen 93 D2
Im tiefen Brunnen 93 D1
Jägersteig 91 D5
Lerchenweg 93 F5
Lindenplatz 91 D5 - 93 F5
Lohgasse 90 C5
Mittlere Ebenhalde 90 C5
Mooslachenstraße 93 F5
Moosweg 90 C5
Mövenweg 93 F5
Nonnenhorner Straße 90 C5
Obere Ebenhalde 90 C5
Obere Rainstraße 90 C5
Pappelallee 90 C5
Reiherstraße 93 F5
Reutener Straße 93 D1
Sandgraben 90 C5
Schabhaldenweg 91 D5
Schlätterstraße 90 C4
Schulstraße 93 F5
Schwanenweg 93 F5
Sonnhaldenstraße 90 C5
Strandweg 93 F5
Uferstraße 93 F5
Uli-Wieland-Straße 93 D2
Untere Ebenhalde 90 C5
Untere Rainstraße 90 C5
Werftstraße 93 D1
Wiesenstraße 90 C5

Weingarten
PLZ 88250

Abteistraße 23 E4
Abt-Hyller-Straße 23 D4
Akeleiweg 23 D4
Alemannenstraße 23 D4
Allmandstraße 23 D4
Altdorfstraße 23 D5
Am Bläsiberg 23 E3
Am Hallersberg 23 E4
Am Rebhang 23 E4
Am Stadtgarten 23 D4
Am Vorderochsen 23 D5
Amselweg 22 C3
Andreas-Schreck-Straße 22 C5
Anemonenweg 23 D4
Argonnenstraße 23 D3
Asamstraße 23 D4
Bachstraße 23 D4
Bahnhofstraße 23 E3-E4
Baienfurter Straße 23 E3
Barbarossaweg 23 D4
Bauernjörgstraße 23 E3
Benzstraße 23 D3
Bergstraße 23 D5
Bernhard-Göz-Weg 23 D5
Birkenweg 22 C3
Blarer Straße 23 E3
Bleichestraße 23 D5
Blumenau 23 D4
Bolzplatz 23 E3
Bomsgasse 23 D4
Boschstraße 22 C3 - 23 D3
Brahmsweg 23 F4

Brandenburger Straße 23 E3
Brechenmacher Straße 23 D4
Breslauer Straße 23 E3
Briachstraße 23 E4
Brielmayerstraße 22 C5
Brucknerstraße 23 F4
Brunnenweg 23 E4
Burachstraße 23 D5
Burgeiser Weg 23 D5
Charlottenplatz 23 E4
Charmorweg 23 D3
Corbellinistraße 22 C5
Daimlerstraße 23 E3
Danziger Straße 23 E3
Dieselstraße 22 C3 - 23 D3
Doggenriedstraße 23 E4
Döllegasse 23 D4
Dom.-Zimmermann-Straße 22 C5
Dornierstraße 22 C3
Drosselweg 22 C3
Dürerweg 22 C5 - 23 D5
Edelweißweg 23 D4
Efeuweg 23 D4
Ehrenpreisweg 23 D4
Eichendorffweg 23 E4
Enzianweg 23 D4
Ettishofer Straße 22 C3 - 23 D4
Eugen-Bolz-Weg 23 E4
Eythstraße 23 D3
Falkenweg 22 C3
Fasanenweg 22 C3
Feuchtmayrstraße 23 D5
Fidel-Sporer-Straße 23 D4
Finkenweg 22 C3
Fliederstraße 23 D4
Frankenweg 23 D4
Franz-Beer-Straße 22 C5 - 23 D5
Friedenstraße 23 D4
Friedhofstraße 23 D4
Frisonistraße 23 D5
Fuchsweg 23 E5
Fugelstraße 23 E4
Gablerstraße 23 E4
Gartenstraße 23 D3-D4
Gaußstraße 23 E3
Gerbersteig 23 E4
Gerberstraße 23 D4
Goethestraße 23 E3
Greisingstraße 22 C5
Gutenbergstraße 23 D4
Haasstraße 23 E3
Hähnlehofstraße 22 C4-C5
Hahnstraße 23 E3
Haldenweg 23 E3
Haslachstraße 23 D5
Haslachweg 23 E5
Haydnstraße 23 F4
Heinkelstraße 22 C3
Heinrich-Hertz-Straße 23 D3
Heinrich-Schatz-Straße 23 E4
Henschelweg 22 C3
Herknerstraße 23 D3
Herkommerstraße 23 D5
Hirschstraße 23 D3
Hochtobelweg 23 F5
Hölderlinstraße 23 E4
Höllgässle 23 D4
Holunderweg 23 D4
Hoyerstraße 23 D5
Hummelstraße 23 D4
Im Alten Stadion 23 D4
Im Fischergarten 23 E4
Immergrünweg 23 D4
Irmentrudstraße 23 E4
Isenbartstraße 23 E4
J.-von-Schnitzer-Straße 23 E4
Jägerstraße 23 D5
Jahn Platz 23 D4
Jakob-Reiner-Straße 23 D4
Josef-Bayer-Straße 23 D3
Josef-Schmuzer-Straße 22 C5
Judithaweg 23 D4
Junkersstraße 22 C3
Kanalstraße 23 E4
Karlsbader Straße 23 E3

Karlstraße 23 D4
Keltenstraße 22 C4
Keplerstraße 22 C3 - 23 D3
Kirchstraße 23 E4
Kirchweg 23 E5
Kleine Straße 23 D4
Kolpingstraße 23 D4
Königsberger Straße 23 E3-E4
Konrad-Huber-Straße 23 E4
Köpfinger Straße 23 F4
Kornblumenstraße 23 D4
Kornhausgasse 23 D4-E4
Krokusweg 23 D4
Krügerstraße 23 E3
Kuenstraße 22 C4 - 23 D5
Kurze Straße 23 D3
Lägelerstraße 23 D3-E3
Lammstraße 23 D5
Lanzenreuter 23 C3
Laurastraße 23 E5
Lazarettstraße 23 E4
Lehenstraße 23 D5
Lerchenweg 22 C3
Liebfrauenstraße 23 D4
Lilienthalstraße 23 D3
Lindenstraße 22 C5
Lisztweg 23 F4
Malerstraße 23 E4
Malser Weg 23 D5
Manggasse 23 D4
Marienstraße 23 D4
Marktgasse 23 E4
Martinusweg 23 D3
Maybachstraße 23 D3
Meisenweg 22 C3
Meisterhofstraße 23 D5-E5
Mendelssohnstraße 23 E4
Michael-Kraf-Straße 23 D4
Michael-M.-Grimm-Straße 23 D3
Mochenwanger Straße 23 D3-E3
Moosbruggerstraße 23 D5
Mörikeweg 23 F4
Mostgasse 23 E4
Möwenweg 22 C3
Mozartstraße 23 F4
Mühlbachweg 23 E4
Nelkenweg 23 D4
Niederbieger Straße 23 D3
Obere Sterngasse 23 E4
Ochsengasse 23 E4
Öschweg 22 C3-C4
Pflugstraße 23 E4
Primelweg 23 D4
Promenade 23 D4
Ravensburger Straße 23 D5-E3
Rebbachstraße 23 E3
Reschenstraße 23 D5
Reutebühlstraße 23 E4-E5
Richard-Mayer-Straße 23 E4
Riedstraße 22 B4-C5
Robert-Koch-Weg 23 D5
Rosenstraße 23 D4
Rosmarinweg 23 D4
Rungsgasse 23 D4-D5
Sägerstraße 23 D5
Salbeiweg 23 D4
Sankt-Gebhard-Straße 23 D4
Sankt-Konrad-Straße 23 D4-D5
Sankt-Longinus-Straße 23 E4
Sauterleutestraße 22 C5 - 23 D5
Schafheitlinstraße 23 D4
Scherzachstraße 23 D4-E4
Schießplatzstraße 23 E4
Schillerstraße 23 D4
Schlesienstraße 23 E3
Schlossergasse 23 D4
Schmidgasse 23 E4
Schonisweilerstraße 23 D5
Schubertstraße 23 D4
Schulstraße 23 D4
Schumannstraße 23 F4
Schussenstraße 23 D4
Schützenstraße 23 C4
Schwabenstraße 22 C4 - 23 D4
Sechserweg 23 E4-E5

Seniorenweg 23 E4
Siemensstraße 22 C3
Silcherweg 23 F4
Sontheimer Weg 23 E5
Spieglerstraße 22 C5
Spitalstraße 23 D5
Starenweg 22 C3
Stattmillerweg 23 D5
Sterngasse 23 E4
Stettiner Straße 23 E3
Syrlinstraße 23 D5
Talstraße 22 C4 - 23 D4
Thumbstraße 22 C5 - 23 D5
Tobelstraße 23 E3
Torkelweg 23 E4
Tulpenstraße 23 D4
Uhlandstraße 23 E3
Untere Gerberstraße 23 E4
Veilchenweg 23 D4
Veit-Stoß-Weg 22 C5
Vintschgaustraße 23 D5
Vogteistraße 23 E4
Wagnerstraße 23 F4
Waldmeisterweg 23 D4
Waldseer Straße 23 D3-D4
Weiherweg 23 E3
Weinbergstraße 23 E4
Welfenstraße 23 E4
Weltestraße 23 D3
Wildeneggstraße 23 E4
Wilhelm-Braun-Straße 23 E4
Wilhelmstraße 23 D4
Winzerweg 23 E4
Wolfegger Straße 23 E4-F4
Zeppelinstraße 23 D4
Zweierweg 23 E4

Weißensberg

PLZ 88138

Alt-Rehlings 92 C5
Am Wolfsbach 92 C4
Amselweg 92 C4
Asternweg 92 C4
Bergstraße 92 C4
Dahlienweg 92 C4
Falkenweg 92 C4
Finkenweg 92 C4
Heckenweg 92 C4
Im Baumgarten 92 C5
Im Gärtl 92 C4
Im Weinberg 92 C4
Kirchstraße 92 C4
Lindauer Straße 92 C4
Lindenstraße 92 C5
Römerstraße 92 C4
Rosenweg 92 C4

Wittenbach (CH)

PLZ 9008, 9302, 9303

Bruggwaldpark 119 E1
Heiligkreuzweg 119 E1
Waldsteig 119 E1
Waldstraße 119 E1

Wolfurt (A)

PLZ 6922

Achstraße 97 D5-E5
Albert-Loacker-Straße 99 E1
Am Rickenbach 99 F3
An der Fatt 99 E1
Augasse 99 F3
Bahnhofstraße 99 F3
Bahnweg 99 E3
Bannholzweg 99 F3
Bildsteiner Straße 99 F3
Bregenzer Straße 99 F1
Brühlstraße 99 E2-F3
Brunnengasse 99 F3
Bucher Straße 99 F1

Bützestraße 99 F1
Dammstraße 97 E5 - 99 F1
Dorfweg 99 F1
Dornbirner Straße 99 F3
Engerrütte 99 F3
Erlenstraße 99 F1
Eulentobel 99 F2
Falkenstraße 99 E3
Fattstraße 99 E1
Fattweg 99 E1
Feldeggstraße 99 F1
Feldweg 99 F1
Felle 99 F3
Fliederweg 99 E1
Florianweg 99 E2
Flotzbachstraße 99 E2-F2
Flurstraße 99 E1
Frühlingstraße 99 E2
Gallusweg 99 F2
Gartenstraße 99 E1
Glockenweg 99 F1
Grenzstraße 99 F1
Heimkehrerstraße 99 E1
Himmelreich 99 F2
Hofsteigstraße 99 F2-F3
Holzriedstraße 99 E3
Im Dorf 99 F1
Im Kessel 99 F2
Inselstraße 99 F1
Kellaweg 99 F3
Kellhofstraße 99 F1
Kesselsiedlung 99 E3
Kesselstraße 99 E4-F3
Kirchstraße 99 F1
Klöpplerweg 99 F3
Knappenweg 99 F1
Kolumbanweg 99 E2
Kreuzstraße 99 F1
Lauteracher Straße 99 E1
Lerchenstraße 99 E1
Lorenz-Schertler-Straße 99 E2
Mähdlestraße 99 E2
Montfortstraße 99 E1-F1
Moosmahdgasse 99 E2
Mühlestraße 99 F3
Nelkenweg 99 E1
Neudorfstraße 99 E2-F1
Nußgasse 99 F1
Oberfeldgasse 99 F1
Pfeilgasse 99 E1
Raiffeisenstraße 99 F2
Rebberg 99 F2
Rickenbacherstraße 99 F3
Rittergasse 99 F1
Röhleweg 99 F1
Rüttigasse 99 F1
Rutzenbergstraße 99 F3
Sattlerweg 99 F2
Schlattweg 99 F3
Schloßgasse 99 F1
Schmerzenbildstraße 99 E1-E2
Schnepfenweg 99 F3
Schulstraße 99 F2
Schwertgasse 99 F1
Senderstraße 99 D3-E3
Sonnenstraße 99 E2
Spetenlehenweg 99 F2
Sporthallenstraße 99 F2
Sportplatzstraße 99 F1
Stickergasse 99 F3
Tobelgasse 99 F1
Unterfeldstraße 99 F1
Unterhub 99 E2-F2
Unterlinden 99 F1-F2
Veilchengrund 99 E1
Wagnerstraße 99 E2
Wälderstraße 99 E2
Weberstraße 99 E3
Weiherstraße 99 E2
Weißenbildstraße 99 D1-E1
Wiesenweg 99 E2-F3
Wingertgasse 99 F3
Zieglerstraße 99 E2

Aus dem GeoMap - Programm empfehlen wir weitere aktuelle Produkte:

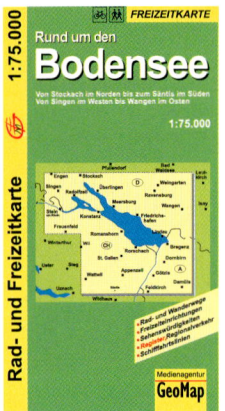

Rad- und Freizeitkarte Bodensee 1:75.000
ISBN - Nr: 3-933671-88-4 Preis 6.60 €

Von Stockach im Norden bis zum Säntis im Süden
Von Singen im Westen bis Wangen im Osten

Mit Rad- und Wanderwegen
Mit Freizeiteinrichtungen und Sehenswürdigkeiten
Mit Register und DB Regionalverkehr
Mit Schifffahrtslinien

Rad- und Freizeitkarte Oberschwaben 1:75.000
ISBN - Nr: 3-933671-81-7 Preis 6,60 €

Von Ulm im Norden bis Lindau im Süden
Von Mengen im Westen bis Memmingen im Osten

Mit Rad- und Wanderwegen
Mit Freizeiteinrichtungen und Sehenswürdigkeiten
Mit Register und DB Regionalverkehr
Mit touristischen Infos

Rad- und Freizeitkarte Allgäu 1:75.000
ISBN - Nr: 3-933671-51-5 Preis 5.00 €

Von Leutkirch im Norden bis Imst im Süden
Von Lindau im Westen bis Füssen im Osten

Mit Rad- und Wanderwegen
Mit Freizeiteinrichtungen und Sehenswürdigkeiten
Mit Register und DB Regionalverkehr
Mit Bergbahnen und Liftanlagen

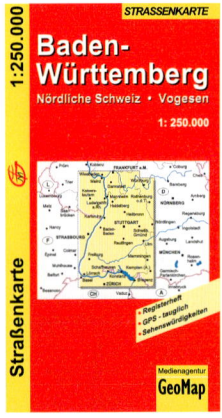

Straßenkarte Baden-Württemberg 1:250.000
ISBN - Nr: 3-933671-56-6 Preis 6.60 €

Von Frankfurt im Norden bis Zürich im Süden
Von Strasbourg im Westen bis Nördlingen im Osten

Mit Registerheft
GPS-tauglich
Mit Sehenswürdigkeiten

Wander- und Freizeitatlas

Bodensee

Medienagentur
GeoMap

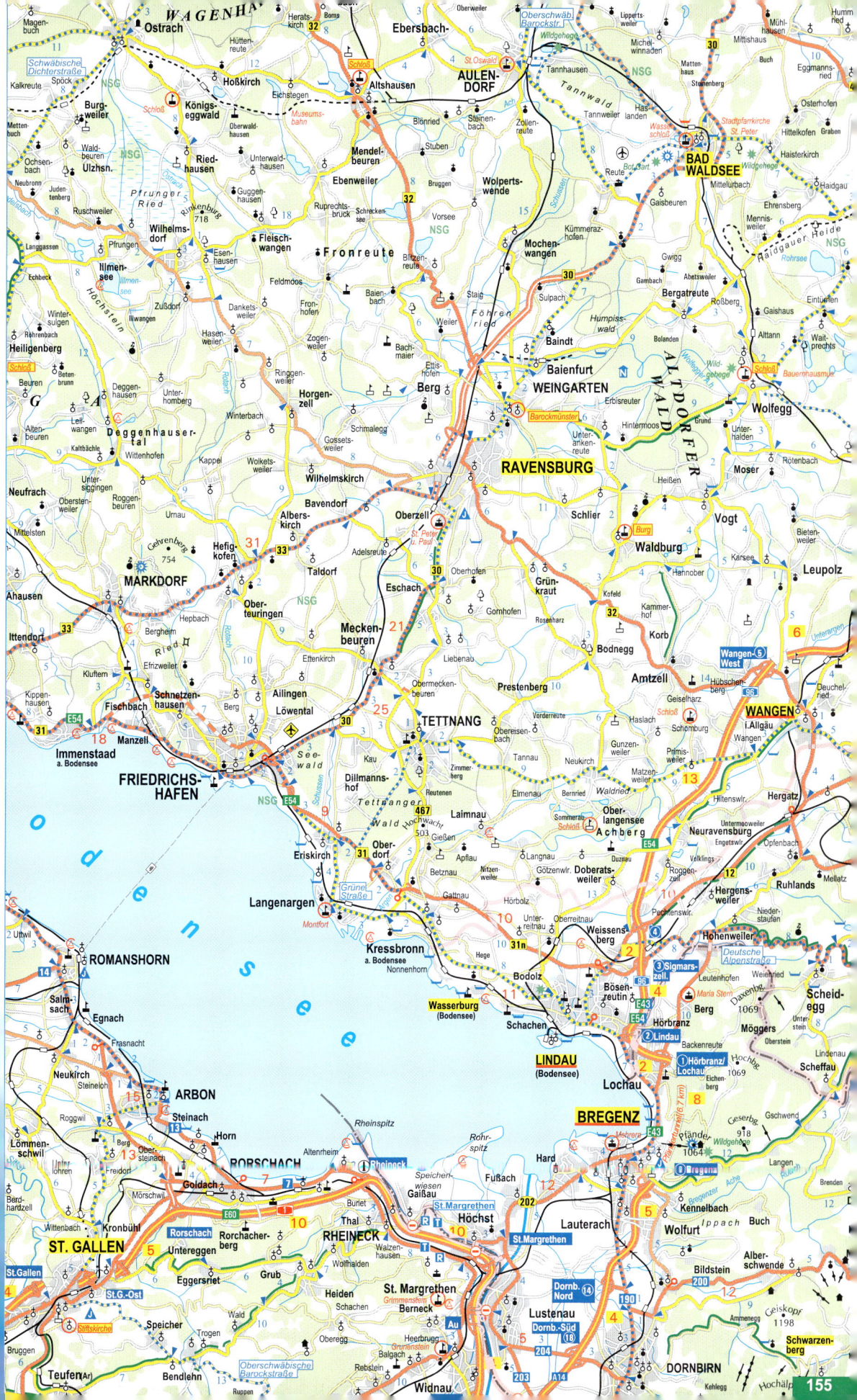

Zeichenerklärung

Verkehr

81 Tankstelle / Raststätte	Autobahn mit Anschlußstelle
	Autostraße (mehrbahnig)
28	Bundesstraße mit Nummer
L328	Landesstraße
K7729	Kreisstraße
	sonstige für Kfz freigegebene Straßen
	befestigter Wald- und Feldweg zum Radfahren geeignet

	Wald- und Feldweg, Fußweg
	Straßen in Bau und geplant
	Eisenbahn mit Bahnhof
E61	Europastraße-Nr.
◀ 3 ▶ ◀ 3 ▶	Entfernung in km
— — ◼ — —	Autofähre
— — — — —	Schifffahrtslinie

Touristische Anziehungspunkte

Schwedenkr.	Sehenswertes Bauwerk, Sehenswürdigkeit
Marienschlucht	Natursehenswürdigkeit
	Burg, Schloß/Burgruine, Burgstelle
	Kloster, Klosterruine
	Kirche, Kapelle

Altstadt	Mittelalterliches Stadtbild
	Höhle, Schanze, Denkmal
	Aussichtspunkt
	Hervorragende Bäume
	Aussichts-, Funk-, Leuchtturm, Wasserturm

Freizeiteinrichtungen

	Hotel, Restaurant / Hütte
	Jugendherberge, Campingplatz
	Naturfreudehaus, Schwäbische Albvereinshütte
	Wanderparkplatz, Feuerstelle
	Hallenbad, Strandbad, Freibad
	Touristenstraße
	Radwanderweg Baden-Württemberg
	Donau-Bodensee-Radweg
	Bodensee-Radwanderweg
	Trimm-Dich-Pfad
	Golfplatz, Minigolf, Tennis
	Bodensee Rundweg
	Wanderwege

	Sommerstockschießen
	Ponyhof, Reitplatz
	Droschkenfahrt
	Fahrradverleih
	Schießsportanlage
	Wasserski, Bootsverleih
	Segelschule, Surfing
	Kurbetrieb, Kneippbad
	Vogelschutzgebiet
	Wildfütterung
	Wildgehege
	Zoologischer Garten
	Mineralienfundstelle

Wegbezeichnung des Schwarzwaldvereins

—◆—	Querweg Freiburg - Bodensee (weiß-rote Raute auf gelbem Grund)
—◆—	Schwarzwald - Jura - Bodensee - Weg (grüne Raute auf gelbem Grund)
—◆—	Zugangswege zum Ostweg (blau-gelbe Raute auf weißem Grund)
—◆—	Zugangs- und Verbindungswege zwischen den Höhenwegen (weißer Balken in blauer Raute auf weißem Grund)

Wegbezeichnung des Schwäbischen Albvereins

–	⊱	+	▶	>
–	⊱	+	▶	>

Sonstige Angaben

	Wald
N S G	Naturschutzgebiet
	Flughafen, Landeplatz

	Forsthaus
	Staatsgrenze, Grenzübergang
⊖	Grenzübergang nur für Wanderer

Maßstab ca. 1 : 93 000

Wander- und Freizeitatlas

Blattübersicht

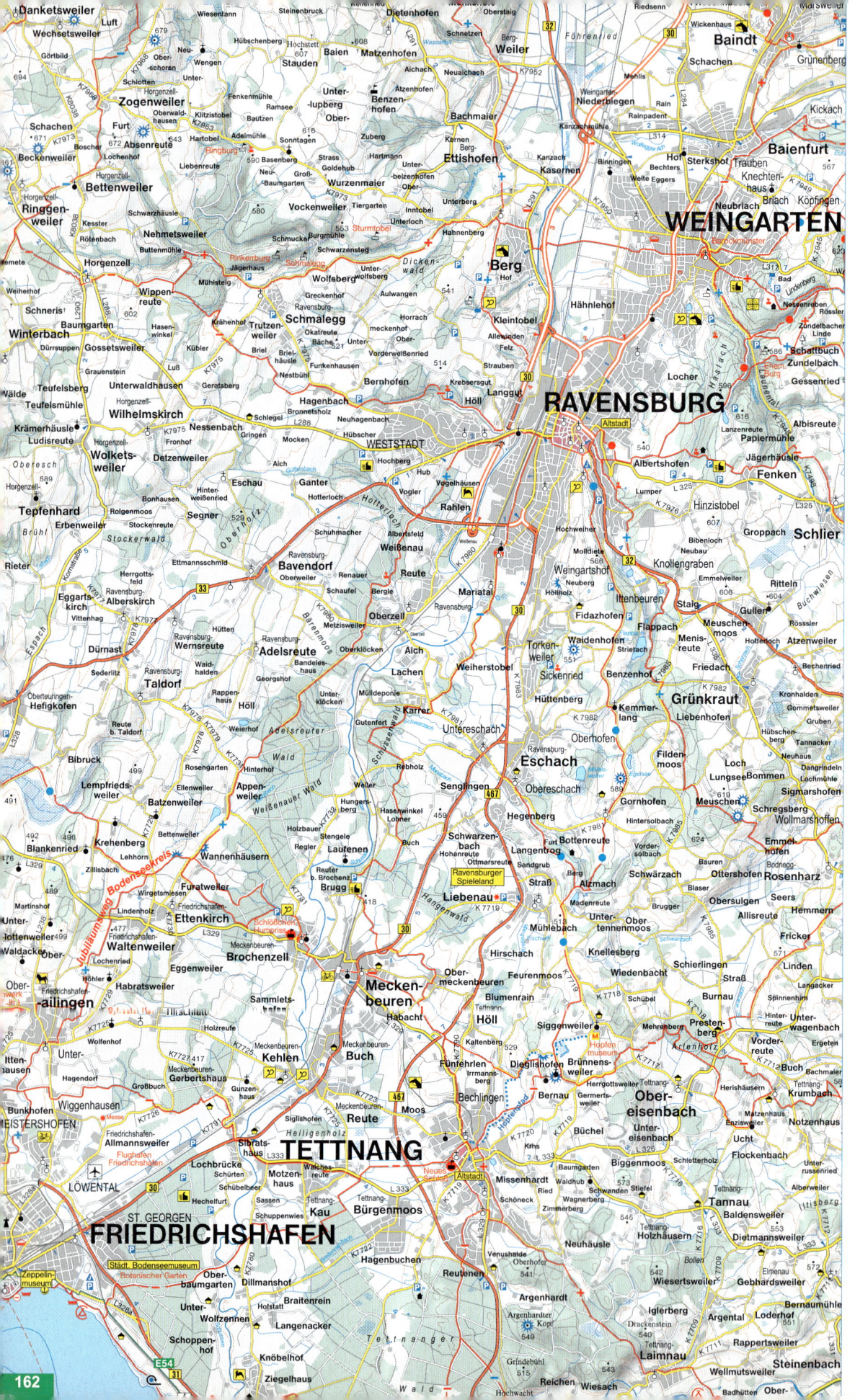

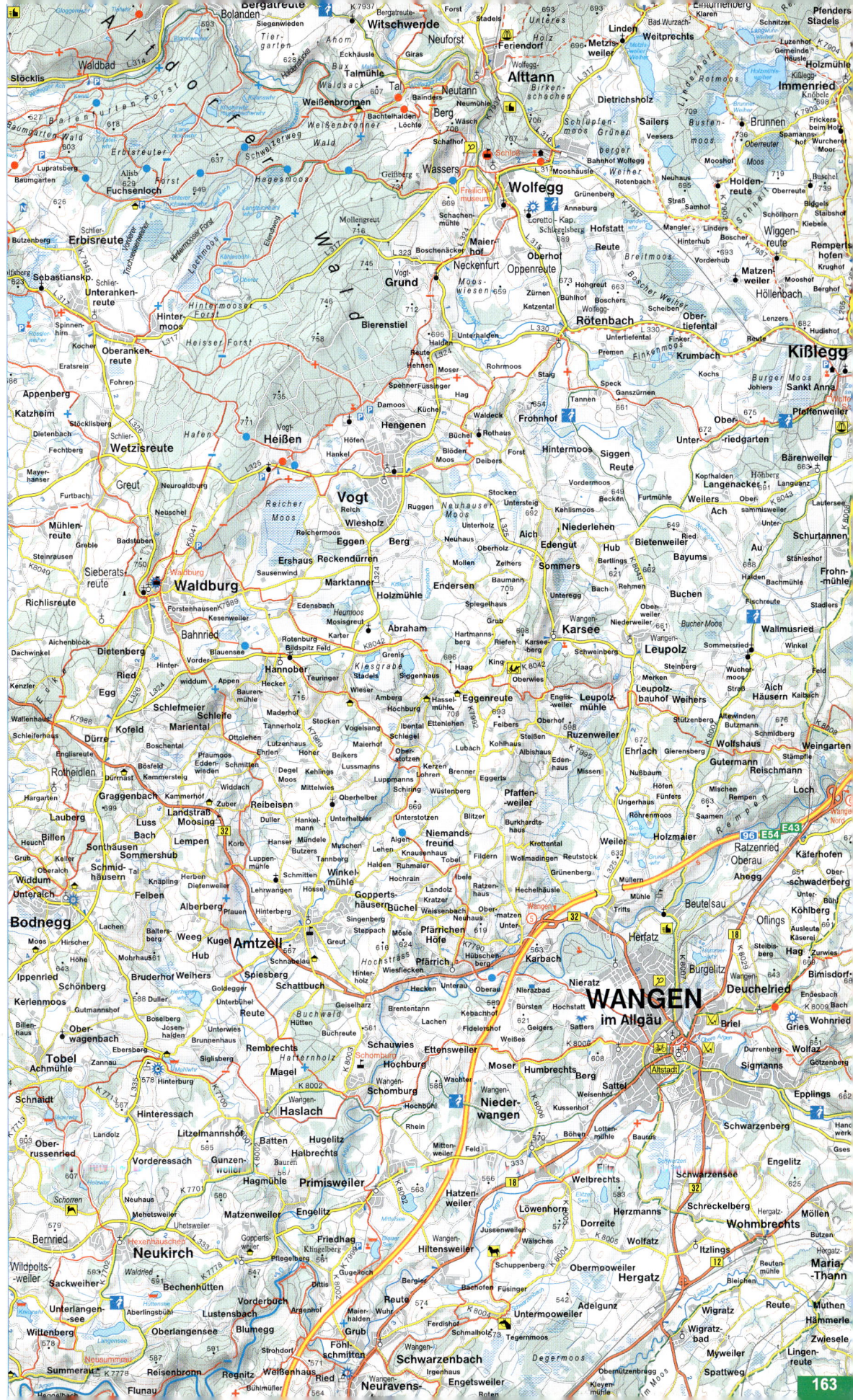

Deutsche Bodenseeregion

Intern. Bodensee Tourismus GmbH
Insel Mainau
78565 Konstanz
Tel. 07531/909 40   Fax 07531/909 494/24
info@bodensee-tourismus.com

Österreichische Bodenseeregion

Vorarlberg Tourismus
Bahnhofstraße 14/ Postfach 302
A 6901 Bregenz
Tel. 0043/5574/425 250   Fax 0043/5574/425 255
info@vbgtour.at

Bodensee Alpenrhein Tourismus
Römerstraße 2
A 6900 Bregenz
Tel. 0043/5574/43443-0   Fax 0043/5574/43443-4
office@bodensee-alpenrhein.at

Schweizer Bodenseeregion

Ostschweiz Tourismus
Bahnhofsplatz 1a
CH 9001 St. Gallen
Tel. 0041/71/2 273 737   Fax 0041/71/2 273 767
info@ostschweiz-i.ch

Wetterdienste (für Segler)

Wetterwarte Konstanz
Tel. 07531/58 27 70
wetterstation.konstanz@dwd.de
Wetterdienst Bregenz
Tel. 0043/5574/425 54
Weitere Auskünfte bei den Hafenverwaltungen
Wettertelefon (aus D) 0190-116422

Radfahren

Bodensee Radwanderweg (Rundweg)
In der Hauptsaison empfiehlt sich rechtzeitige
Quartiervorbestellung. Der Radtransport mit
öffentlichen Verkehrsmitteln ist beschränkt möglich.

Schiffahrt

Bodensee-Schiffsbetriebe GmbH
Hafenstraße 6
784 62 Konstanz
Tel. 07531/281 389   Fax 07531/281 373
Regelmäßiger Schiffsverkehr April - Oktober
(Autofähren ganzjährig).
info@bsb-online.com

Wasserschutzpolizei

 110    133    117